# Q&A 建築瑕疵損害賠償の実務

## 損害項目と賠償額の分析

監修／犬塚 浩

著者／永 滋康・宮田義晃・西浦善彦・石橋京士・堀岡咲子

創耕舎

# 序

　私は、紛争処理の現場に立つ者として、紛争の迅速かつ適正な解決、ならびに可能な限りの紛争の予防の実現の為には、過去の紛争処理の事例の分析は不可欠であるという問題意識を常に持ってまいりました。

　そこで、平成15年に、財団法人住宅リフォーム・紛争処理支援センターのご協力もいただき、『建築瑕疵紛争処理　損害賠償額算定事例集－賠償額算定のポイントと相談事例・統計－』を4名の弁護士の協力を得て出版いたしました。

　当時は、判例集も限られたものであり、最高裁も判例情報を積極的には開示しておらず、判例検索機能も決して高いものではありませんでしたから、全くの手作業で判例を集めて分析したのを覚えています。

　約10年経過したところで、あらためて建築紛争の判例を整理してみました。

　各種判例集から、新しい建築関連の判例を収集し、5名の弁護士と共に各事案の項目別の請求金額と認容金額を整理した後に、その一般的な傾向について検討してみました。

　賠償金額に関する検討としては、平成23年3月に一般社団法人住宅瑕疵担保責任保険協会発行の『住宅の欠陥に関する補修費用の傾向　住宅の保険事故事例集』の出版に携わり、保険事例における金額の一般的傾向については分析することができましたが、本書は、裁判例を基にしたものであり、より一層実務的な意義が高まったものと考えます。

　個々の項目に関する分析はそれぞれの箇所において記載しましたが、一般的な傾向としては、物価が安定している経済的な背景も相まって、認容金額そのものにおいては大きな変動はないものの、損害項目については従来よりも多岐にわたり、一方で住宅全体に占める共同住宅の割合が増えていることもあり、共同住宅に関する事例が増えている傾向にあると感じました。

今後の住宅紛争処理の迅速かつ適切な解決の為、また住宅紛争の予防の為に、本書が意義のあるものになることを心から願っております。
　また、執筆にご協力いただいた先生方ならびに創耕舎の若林様にあらためて御礼を申し上げます。

平成28年5月<br>弁護士　犬塚　浩

# 凡　例

　判例を示す場合「判決」⇒「判」と略した。また、裁判所の表示・判例の出典については次のア、イに掲げる略語を用いた。

## ア　裁判所名略語

最 ……………………最高裁判所

○○高 ………………○○高等裁判所

○○地（○○支）…○○地方裁判所（○○支部）

## イ　判例集・判例掲載雑誌出典略語

高民 ………高等裁判所民事判例集

民集 ………最高裁判所民事判例集

金商 ………金融・商事判例

判時 ………判例時報

判タ ………判例タイムズ

判自 ………判例地方自治

自研 ………自治研究

登情 ………登記情報

同法 ………同志社法学

# ◘ 執筆者一覧

【編集、監修】

●犬塚　浩（いぬづか　ひろし）

平成 5 年弁護士登録

京橋法律事務所

国土交通省「住宅瑕疵担保履行制度のあり方に関する検討委員会」委員

同「賃貸住宅に係る紛争等の防止方策検討ワーキングチーム」主査

[著書]

「Q&A 住宅品質確保促進法解説」

　　　（建設省（当時、現在国土交通省）住宅局住宅生産課監修　三省堂）

「10年住宅保証100問100答」編著（ぎょうせい）

「住宅性能表示100問100答」編著（ぎょうせい）

「住宅紛争処理100問100答」編著（ぎょうせい）

「建築請負・住宅販売・不動産業における消費者契約法100問100答」

　　　編著（ぎょうせい）

「建築紛争処理手続の実務」編著（青林書院）

「Q&A 高齢者居住法」編著（ぎょうせい）

「Q&A マンション建替法」（ぎょうせい）

「Q&A 中古住宅性能表示」（ぎょうせい）

「住宅リフォームマニュアル事典」編著（産業調査会）

「建築瑕疵紛争処理損害賠償額算定事例集」編著（ぎょうせい）

「新・裁判実務大系27「住宅紛争訴訟法」」編著（青林書院）

「Q&A わかりやすい"賃貸住宅の原状回復ガイドライン"の解説と判断例」

　　　（大成出版社）

「企業活動と民暴対策の法律相談」編集委員（青林書院）

「建設・土木工事における反社会的勢力排除の基礎知識 Q&A」監修

　　　（ぎょうせい）

「住宅の保険事故事例集」（主査　住宅瑕疵担保責任保険協会）

「住宅リフォーム・トラブルの法律知識　いま業者として何をすべきか！」

　　　（大成出版社）

「新マンション建替え法逐条解説・実務実例」（商事法務）

「リフォーム工事の法律相談」（青林書院）

【執筆】
●永　滋康（えい　しげやす）
（担当：総論、第2章 消極損害）
平成18年弁護士登録
藤井・永 法律事務所
第二東京弁護士会綱紀委員会副委員長
同消費者問題対策委員会副委員長兼医療部会部会長
元桐蔭横浜大学法科大学院客員教授
東京商工会議所法律相談員
医療問題弁護団団員
[著書]
　「上司なら知っておきたい法律知識」（株式会社財界研究所）
　「［改訂増補］困ったときのくらしの法律知識Q&A」（清文社）
　「経済紙『財界』」連載（株式会社財界研究所）

●宮田義晃（みやた　よしあき）
（担当：第3章 慰謝料、第4章 過失相殺、第5章 損益相殺）
平成20年弁護士登録
京橋法律事務所
日本弁護士連合会住宅紛争処理機関検討委員会　幹事
第二東京弁護士会住宅紛争審査会　紛争処理委員
[著書]
　「都市計画・まちづくり紛争事例解説」（ぎょうせい）
　「Q&A民法（債権関係）の改正に関する中間試案」（ぎょうせい）
　「［改訂増補］困ったときのくらしの法律知識Q&A」（清文社）
　「リフォーム工事の法律相談」（青林書院）

●西浦善彦（にしうら　よしひこ）
（担当：第1章 積極損害　第1節 工事関係費用）
平成21年弁護士登録
佐藤・西浦法律事務所
第二東京弁護士会互助会運営委員会副委員長
第二東京弁護士会司法制度調査会（民法部会）委員

杉並区役所法律相談員

[著書]
「Q&A民法（債権関係）の改正に関する中間試案」（ぎょうせい）
「[改訂増補] 困ったときのくらしの法律知識Q&A」（清文社）

● 石橋京士（いしばし あつし）
（担当：第1章 積極損害 第2節 契約関係費用）
平成23年弁護士登録
津の守坂法律事務所
第二東京弁護士会刑事弁護委員会副委員長
第二東京弁護士会弁護士業務センター（企業連携センター部会）委員
弁護士知財ネット会員

[著書]
「[改訂増補] 困ったときのくらしの法律知識Q&A」（清文社）

● 堀岡咲子（ほりおか さきこ）
（担当：第1章 積極損害 第3節〜第7節）
平成24年弁護士登録
第一中央法律事務所
第二東京弁護士会常議員
第二東京弁護士会環境保全委員会委員
東京圏雇用労働センター相談員

[著書]
「[改訂増補] 困ったときのくらしの法律知識Q&A」（清文社）

【裁判例調査協力】

● 三上侑祐（みかみ ゆうすけ）
平成26年弁護士登録
第一東京弁護士会
藤井・永法律事務所

● 西中山竜太郎（にしなかやま りゅうたろう）
平成27年弁護士登録
第二東京弁護士会
佐藤・西浦法律事務所

# 目　次

- ◆序
- ◆凡　例
- ◆執筆者一覧
- ◉序章　総　論 ……………………………………………………… 1

## 第1章　積極損害 ……………………………………………… 9

▶第1節　工事関係費用 ………………………………………… 10
　1　瑕疵実証のための調査費用 ………………………………… 10
　2　設計費用 ……………………………………………………… 17
　3　基礎関係工事費用 …………………………………………… 21
　4　躯体関係工事費用 …………………………………………… 24
　5　設備関係工事費用 …………………………………………… 28
　6　補修工事費用 ………………………………………………… 32
　　　a　地盤……33 ／ b　基礎……36 ／ c　床……38 ／
　　　d　柱、梁……38 ／ e　外壁……39 ／ f　内壁……41 ／
　　　g　屋根……41 ／ h　設備……42 ／ i　その他……45
　7　隣接地から …………………………………………………… 49
　8　漏水 …………………………………………………………… 54
　9　解体・撤去費用 ……………………………………………… 57

▶第2節　契約費用関係 ………………………………………… 62
　1　手付金と違約金 ……………………………………………… 62
　2　売買代金 ……………………………………………………… 70
　3　売却損・減価額 ……………………………………………… 74
　4　仲介手数料 …………………………………………………… 85
　5　競売代金 ……………………………………………………… 93
　6　登記・税金・保険関係(1)―司法書士費用 ………………… 95
　7　登記・税金・保険関係(2)―登記費用 ……………………… 97
　8　登記・税金・保険関係(3)―税金 …………………………… 102
　9　登記・税金・保険関係(4)―利息 …………………………… 107
　10　登記・税金・保険関係(5)―保険料 ……………………… 111
　11　印紙代 ……………………………………………………… 114

i

- ▶第3節　転居・仮設住宅 ……………………………………………117
    - 1　転居費用 …………………………………………………………117
    - 2　家賃 ………………………………………………………………123
- ▶第4節　借地借家法関係 ……………………………………………129
    - 1　逸失賃料 …………………………………………………………129
    - 2　既払賃料 …………………………………………………………134
- ▶第5節　区分所有法関係 ……………………………………………138
    - 1　管理費 ……………………………………………………………138
    - 2　修理費用（補修費用） …………………………………………141
    - 3　駐車料金 …………………………………………………………143
- ▶第6節　弁護士費用 …………………………………………………145
    - 1　弁護士費用 ………………………………………………………145
- ▶第7節　その他 ………………………………………………………150

# 第2章　消極損害 …………………………………………………157

- ▶第1節　休業損害 ……………………………………………………158
    - 1　休業損害 …………………………………………………………158
- ▶第2節　逸失利益 ……………………………………………………165
    - 1　逸失利益 …………………………………………………………165

# 第3章　慰謝料 ……………………………………………………171

- ▶第1節　施主型 ………………………………………………………172
- ▶第2節　周辺住民型 …………………………………………………180

# 第4章　過失相殺 …………………………………………………187

# 第5章　損益相殺 …………………………………………………193

- 判例分析一覧 …………………………………………………………197
- 事項別索引 ……………………………………………………………237

# 序章
## 総論

# 序章

## 1 はじめに

　本書を作成するにあたっては、昭和61年以降の建築関連の紛争を分析し、損害項目を整理したうえで項目ごとに記載した。

　分析の作業においては、以下にて述べるとおりの特徴・問題点があったことから、各点につきそれぞれ使用上の参考にしていただければと思う。

## 2 資料の対象

　(1)　対象とした判例は、昭和61年から平成27年までの建築紛争に関連する判例である。判例の収集にあたっては、判例検索データベースの中から「建物」、「建築」などのキーワードを用いて検索したうえで、刑事事件や相続事件、離婚事件など「建築瑕疵紛争」という本書の趣旨から外れるものについては除外した。また一部の民事執行法に関連する判例については、「建築瑕疵」が問題となるものに限定して分析の対象とした。

　そのため建物の取引において建物に存在する瑕疵が問題となったケース、建物の瑕疵が損害発生の原因となったケースなどが中心となっている。

　(2)　判例の分析にあたっては、各執筆担当者である弁護士が判例の概要を確認したうえで再度損害項目ごとに各判例の分析を行った。

　損害項目については、財団法人日弁連交通事故相談センター東京支部が発行する「民事交通事故訴訟　損害賠償額算定基準」(いわゆる「赤い本」)を参考にしているが、交通事故特有の損害項目を除外する一方で、建築紛争特有の損害項目(家賃、引越費用など)を追加している。

　そして各判例ごとに損害項目の有無を確認したうえで、請求金額と認容金額を抽出した。

　ただし、損害項目については、交通事故の案件と比較して、建築紛争については必ずしも用語の統一がなされておらず、例えば「鑑定費」を「調査費用」と同様の意味で用いている場合などがあった。そのため損害項目につい

てはある程度幅を持たせて、判例の内容から同一の意味であると判断された場合には同様の扱いを行っている。

(3) また、損害項目以外に、共同住宅と戸建て住宅では紛争態様が異なることから、判例の末尾に（判決書から判明する限りにおいて）建物の種類を記載した。

1つの判例において複数の損害項目にわたって認否がなされている場合には、ほぼ同内容の判例要旨が複数の項目にわたって記載されることになる。ただし、同一事案においても当然のことながら損害として認められた項目とそうではないものがあることから、それぞれ損害項目ごとに「肯定例」、「否定例」に分けて記載している。

(4) 高等裁判所の判決については、原審の判旨を引用していることから、原審の判決が判例集に掲載されていない等の事情により、請求額が判明しない場合がある。その場合には請求額には「不明」と記載した。

(5) 被害者が複数であり、請求内容もそれぞれ異なる場合には、項目別とはいえどもすべてを記載することは困難（大規模な事故の場合には被害者が数十名に及ぶ場合がある）であることから、請求額及び認容額双方とも最高額を記載することにした。

## 3 損害項目について

(1) 損害項目としては、まずは物的損害として、大きく建物それ自体に関する損害部分（積極損害）と、休業損害や逸失利益など積極損害以外の部分（消極損害）の2つに分類した。そして、積極損害の内容としては、欠陥部分を修理するために実際に必要とする費用として、鑑定・測量・調査費用、設計費用、工事費用に分類した。ただし、工事費用については基礎・躯体・設備・解体・撤去などに分類した。

なお当然のことながら、すべての部分を含めた工事もあることから、あくまで中心的な工事の部分による分類である。

(2) また、契約に伴う金銭賠償の請求権または種類（項目）の分類として、違約金、手付金、売買代金、売却損（売却益）、仲介手数料、競売代金、登記・礼金・保険関係の費用並びに印紙代に分類した。

(3) 対象建物に賃貸借関係や共同所有関係が存在する場合を前提に、転居・仮設住宅、借地借家関係、区分所有関係等に分類し、最後に弁護士費用と上記に当てはまらないものについて分類した。

(4) 消極損害としては、休業損害と逸失利益に分類し、最後に慰謝料と過失相殺に分類した。

## 4　積極損害について

(1) 工事関係費用について

当該建物の瑕疵を修理するための工事関係費用としては、以下の順番に整理される。

① 瑕疵の存否を判断するために、一級建築士などの専門家に調査を依頼した場合にかかる調査費用。ただし、判例においては必ずしも「調査費用」という文言で統一しておらず、当事者の主張に沿って「鑑定費用」、「測量費」などという名目とされている場合もある。

② 当該建物を建築する際に必要であった設計費用。

③ 当該建物全体にわたっての修理費用並びに原状回復費用。なお判例においては「修繕」、「補修」、「修理」などという文言が用いられる場合があるがすべて同様の意味である。その他当該建物の解体・撤去費用なども含まれる。

(2) 契約関係費用について

当該建物の欠陥の存在が発覚した場合には、契約の解除等に関連して以下の各種請求権が発生する。

① 契約解除に伴う違約金

② 手付金（損害賠償額の予定）

③　契約解除に伴い返還すべき売買代金
　④　建物に欠陥が認められた場合等の価値下落に伴う売却損
　⑤　契約解除に伴い返還すべき仲介手数料
　⑥　競売が無効になった場合の競売代金
　⑦　契約解除の際の登記費用、税金関係並びに保険金等
　⑧　契約解除に基づく契約書に貼付された印紙代
(3)　転居・仮設住宅に関する費用について
　対象となる建物の瑕疵（欠陥）の程度がひどく、建替えを必要とする場合には工事期間中転居が必要となることから、転居（引越し）費用、引越し先での家賃が損害として発生する。
(4)　借地借家に関する費用
　当該建物が借家であった場合には、工事期間中の賃料相当額が逸失利益として損害に含まれる。
　また、借家を訪ねてきた友人などが建物の欠陥が原因でけがをした場合の治療費等も損害として計上される。
(5)　区分所有関係について
　区分所有建物において瑕疵が発生した場合、その責任主体が誰であるかが争点となるケースが多い。
　典型例としては、上階のベランダの排水機能が失われたことによる漏水について、建物の売主（施工業者を含む）の責任なのか、上階の区分所有者の責任なのか、上階の区分所有者から借りている者の責任なのか、またはそれらの者の責任が競合するのか（その場合の責任は連帯責任か否か）が争われるケースがある。
(6)　弁護士費用について
　損害賠償請求訴訟においては、交通事故と同様に損害として認容された金額の約1割を弁護士費用として認めている。
　ただし、瑕疵担保責任に基づく損害賠償請求においては、弁護士費用を損害として認めるか否かについては判例の結論は一致しておらず、損害賠償の

範囲は信頼利益に限定されることを根拠として請求を否定するものもある。ただし、その場合であっても不法行為に基づく損害賠償請求は別途可能である場合が多い。

(7) その他

漏水等に伴う動産の損失に伴う損害や、共同不法行為者間の求償関係が争点となる。

## 5　消極損害について

建物の欠陥が原因である漏水等によって営業活動に支障が発生した場合には休業損害が争点となる。

また、営業活動が制約された場合のほか、建物の倒壊等により被害（人損）が発生し、その後の就労に影響を与えた場合には逸失利益も別途問題となる。

## 6　慰謝料について

物的損害について補償された場合には、それ以上に精神的な損害についての賠償を認めないのが判例の一般的な傾向であり、交通事故においても基本的に同様に扱われている。

ただし、建築瑕疵の場合には、物的損害の補償（修理）だけでは評価されない生活上の不利益があることから、修理に至る前の状況並びに修理に伴う生活への支障を考慮に入れた慰謝料請求が認められている。特に、建物を建て替えざるを得ない状況においては高額な慰謝料請求が認められている。

## 7　過失相殺について

建物の瑕疵（欠陥）については、供給者（施工業者や売主など）に原因がある場合でも、それ以外に自然現象や使用者の使用方法の悪さなどが原因と

して競合している場合がある。判例は自然現象については「寄与度」という文言を用いて損害割合を全体の中から限定的に判断したり、被害者側の落ち度を考慮して損害の一部請求を認める傾向にある。

# 第1章 積極損害

# 第1節　工事関係費用

## 1　瑕疵実証のための調査費用

Q　瑕疵を証明するために建築士に現地調査や調査書の作成を依頼しました。この意見書を裁判で証拠として利用したいと思います。

　場合によっては、建築士に出頭を依頼し、説明補助員としてサポートしてもらおうと考えていますが、意見書作成費用や建築士に支払う日当は損害金に含まれるのでしょうか。

　建築士に支払った金額はすべて損害として認められるのでしょうか。また認められるとすれば、どの程度の金額なのでしょうか。

A　瑕疵を立証するうえで根拠となった範囲において損害金として認められている。

　建築士に払った金額の全額が認められるとは限らない。

　判決では、あくまで「瑕疵と因果関係のある損害」と認定された場合に損害として認められる。そのため瑕疵の立証（認定）の根拠付けとなったものに限定される。

　判決に認められたものは大部分が建築士への調査費用であるが、説明補助のための裁判所への出頭においても同様と考えて認められると考えられる。

　なお、金額では戸建住宅については、概ね数十万円であるが、マンションの場合、マンション全体の瑕疵になる場合には1000万円弱の金額が認められたケースもある。

　調査費用については、厳密な認定がなされており、既に他の事件で補填されているものや、調査の必要性が必ずしも認められないもののほか、違約金の定めがある場合には、基本的に別途請求を認めていない。

第 1 節　工事関係費用

> 肯定例

　鑑定費用、測量費、調査費用などの名目を問わず、専門家に依頼した費用は、損害立証の根拠付けとなった場合には認められる傾向にあるが、多くのケースで全額は認められていない。

① 　大阪地判平成 25 年 2 月 26 日判タ 1389 号 193 頁
　施主が、施工業者に対し瑕疵担保責任を追及するに際し、建物の瑕疵の調査をＡ建設に委託し、Ａ建設がこれをＢ建築士に再委託した事案につき、Ａ建設が施主に対して調査費用として 6846 万 7875 円がかかったと報告したことから、施主はＡ建設に同金額を支払ったが、実際にＡ建設がかけた費用はＢ建築士に支払った 1860 万 1139 円のみであったとして、これに近接した 1500 万円のみを因果関係のある損害として認めた。
▶マンション ⇒ 調査費用－請求額（6846万7875円）・認容額（1500万円）

② 　東京地判平成 24 年 6 月 8 日判時 2169 号 26 頁
　土地の売主に対し、土地の不等沈下による瑕疵担保責任追及のため、調査を依頼した費用に関し、専門家の調査費用自体は損害として認められたものの、専門家への相談料、相談会参加交通費については、相談の具体的内容が不明であるとして、因果関係を認めず、買主自身の土地建物調査の際の建築士立会費用については、建築士を立ち会わせる必要性が認められないとして因果関係を認めず、さらに、本件訴訟提起後に改めて本件建物の傾斜を測定した費用や、本件訴訟における被告らの立証に対する反証として作成された資料の作成費用は因果関係のある損害とは認められないとした。
▶土地 ⇒ 調査費用－請求額（144万0970円）・認容額（102万1580円）

③ 　横浜地判平成 24 年 1 月 31 日判タ 1389 号 155 頁・判時 2146 号 91 頁
　耐震強度が不足しているマンションの区分所有権の購入者が、当該マン

ションの建築確認を行った指定確認検査機関に対して不法行為に基づく損害賠償請求を行った事案につき、本件訴訟において、瑕疵、被告たる検査機関の責任、購入者たる原告らの損害等の主張立証のために、一級建築士に調査報告書の作成等を依頼し、支出した調査費用を因果関係のある損害として認めた。

▶マンション ⇒ 調査費用－請求額(798万円)・認容額(798万円)

④ 福岡地判平成23年3月24日判時2119号86頁
　設計事務所からの依頼でマンションの構造計算をした建築士に構造計算の誤りがあったとして、マンションの区分所有者が不法行為に基づく損害賠償請求を行った事案につき、マンションの現況調査、構造計算、補修計画の検討等を専門家に依頼し、支払った費用を被告たる建築士の注意義務違反と相当因果関係のある損害と認めた。

▶マンション ⇒ 調査費用－請求額(832万2482円)・認容額(832万2122円)

⑤ 福岡地判平成11年10月20日判時1709号77頁
　施工業者が、十分な地盤調査を行うことなく建築した木造一戸建ての建物に沈下、ひび割れが発生したことにつき、施工業者の注文者に対する不法行為責任を認め、沈下の原因及び状況並びに補修方法を検討するための一級建築士等による調査及び鑑定費用金48万2736円の支払義務を認めた。

▶木造一戸建て ⇒ 鑑定費用－請求額(48万2736円)・認容額(48万2736円)

⑥ 東京地判平成10年5月13日判時1666号85頁
　売買の対象となった建物に瑕疵が存在したことにつき、仲介業者以外に仲介的役割を果たした銀行や税理士の告知義務違反に基づく不法行為責任を認め、買主の調査費用の賠償請求を認容した。ただし、調査費用のうち20万6000円については他の訴訟によって填補されていることから10万6000円の範囲で損害を認めた。

▶雑居ビル ⇒ 調査費用－請求額(31万2000円)・認容額(10万6000円)

⑦　神戸地姫路支判平成7年1月30日判時1531号92頁
　鉄骨造マンションの建築請負契約における請負人からの残代金（本訴）請求に対して、注文者が反訴請求として請負人の従業員である建築士の過失による建物の瑕疵の存在を主張して請負人の使用者責任に基づく建替えと同様の補修費用等の請求を行った事案につき、瑕疵の存在を認め、注文者の損害賠償請求の内容として、鑑定費用120万円ほかの請求を認めた。

▶鉄骨造マンション ⇒ 鑑定費用－請求額(120万円)・認容額(120万円)

⑧　東京地判平成4年4月27日判時1458号105頁
　隣地においてゼネコンがビルの新築工事を行う際に施した山留工事が不適切であったため、木造一戸建ての建物が傾斜・沈下した事案につき、ゼネコンの不法行為責任を認め、建物傾斜被害調査料として31万9580円の請求額全額を損害として認めた。

▶木造一戸建て ⇒ 調査料－請求額(31万9580円)・認容額(31万9580円)

⑨　大阪高判平成元年2月17日判時1323号68頁
　不等沈下が発生した鉄骨造建物の瑕疵につき、工事業者と設計監理事務所の注文者に対する瑕疵担保責任を連帯して認め、2棟分の建物鑑定費用200万円の請求のうち179万6000円の損害賠償請求を認めた。

▶鉄骨造共同住宅 ⇒ 鑑定調査費用－請求額(200万円)・認容額(179万6000円)(2棟分)

> 否定例

　調査費用の内容は、厳密に検討されており、施主等が本来行うべき行為を実行していれば免れたであろう調査費用について因果関係がないと判断されている（〈③東京地判H24・6・22〉）。

① 京都地判平成 26 年 9 月 17 日判時 2249 号 72 頁

　マンション建築のための敷地掘削工事に伴い、隣接する木造建物に不同沈下・変形が生じたとして、工事の請負人及び注文主に、共同不法行為に基づく損害賠償請求を行った事案につき、工事の請負人及び注文主の不法行為責任を認めつつ、本件建物の不陸調査及び内部調査費用は、原告らが被告らに対する補償を求めるための費用であり、かかる費用は弁護士費用のほか、独立した損害と認めることはできないとした。

▶木造一戸建て ⇒ 調査費用－請求額（55万6500円）・認容額（0円）

② 東京地判平成 25 年 12 月 13 日判例秘書 L06830960

　マンションの解体工事の請負契約を解体業者に依頼し、解体工事費用及び地盤調査費用を支払ったが、その後、施主が請負契約を民法 641 条に基づき解除し、支払った費用の返還を求めた事案につき、施主の解除権を認め、解体業者は、解体工事費用を返還する義務を認定しつつ、地盤調査費用は、解体工事の費用とは認められず、解体業者が新築予定マンションの建築準備のための事務処理を行うという準委任契約に係る事務処理費用の償還として施主から支払われたものであると認定し、解体業者への返還義務を認めなかった。

▶マンション ⇒ 土地測量費用－請求額（105万円）・認容額（0円）

③ 東京地判平成 24 年 6 月 22 日判時 2196 号 19 頁

　雨漏りの原因は、特定の窓のガスケットの取付けの不備であり、それ以外の窓については、障子のガラスと枠の接合が不十分であったり、窓全体を均一に窓枠に圧着するという調整が不足であったことが原因であると認められるところ、施主らが、これらの窓の雨漏りについて設計監理会社に連絡をしていれば、その段階で設計監理会社が考え得る修補がされ、さらに雨漏りが生じたのであれば、設計監理会社が雨漏りの原因を探ることができたであろうことを考慮すると、本件木製窓等の欠陥の調査を専門家に依頼した調査費

用等を窓の瑕疵と相当因果関係のある損害であると認めることもできないとして、欠陥調査鑑定費用の請求を否定した。

▶一戸建て ⇒ 欠陥調査鑑定費用－請求額(44万3600円)・認容額(0円)

④ 東京高判平成12年10月26日判時1739号53頁
　不動産仲介業者が、買主に対して本件土地についての建築基準法、県条例及び指導方針に基づく規制があることを告知せず多額の費用を要する擁壁築造工事を施工する必要があること等を説明しなかったことは、仲介契約に基づく善管注意義務に違反するものであるが、地形測量費用等建物建築準備のための費用は本件土地を保有していることに伴って生じた負担であり、債務不履行に基づく損害ということはできないとして買主からの請求を否定した。

▶土地 ⇒ 測量費－請求額(39万1400円)・認容額(0円)

⑤ 東京地判平成5年12月16日判タ849号210頁
　転売目的の鉄筋造マンション売買契約において建築基準法上の完了検査済証を交付することが予め特約として定められていたにもかかわらず交付できなかった事案につき、完了検査済証がない場合の不都合等も斟酌して買主からの解除請求を認めたが、違約金の定め（代金の20％）があり、この損害賠償額の予定の推定を覆すに耐える反証がないことから違約金以外の測量費用などの損害賠償請求は否定した。

▶鉄筋コンクリート造マンション ⇒ 測量費－請求額(24万7840円)・認容額(0円)

⑥ 東京地判平成4年12月21日判タ843号221頁
　建物の建築につき注文者との間で工事の監理契約を締結した者の債務不履行責任は、建築請負人の瑕疵担保責任が除斥期間（2年）の経過によって消滅したときにはそれと同時に消滅するとして、除斥期間の経過したものについての損害賠償請求を否定した。ただし調査費用と弁護士費用については、

請負人が調査に応じる姿勢を示していたにもかかわらず、これを注文者が拒絶していたことから、損害との間の相当因果関係がないとの根拠で否定した。

▶鉄筋・店舗建物 ⇒ 調査費用－請求額(50万円)・認容額(0円)

⑦　大阪高判平成元年 1 月 25 日判時 1316 号 96 頁

　隣接地におけるマンション建設工事によって地盤沈下が生じたケースにおいて、被害者から建設工事の注文者に対する「注文者の不法行為責任」に基づく損害賠償請求が否定され測量費用の請求も否定された。

▶マンション ⇒ 測量費－請求額(不明)・認容額(0円)

## 2 設計費用

**Q** 建築請負契約締結前に、設計図の作成を依頼され、完成させるケースがありますが、その後、施主から契約を解除されたような場合、設計費用相当額を損害賠償請求することができるでしょうか。
　その他、設計費用に関する特徴はどのようなものでしょうか。

**A** 施主と施工会社との間で「設計後、建物を建築して売り渡す契約を締結する」という内容の協定を締結している場合には、施主がかかる協定上の債務を履行しなかったことを原因として、設計費用の請求を認めており、請負契約前であっても協定などのいわゆる基本契約書の締結があれば、設計費用についての賠償が認められている。一方で、協定が存在していたとしても、違約金の定めがあり、損害額がこれを超えるケースでは、施工会社側に損害額が推定損害賠償額の金額を超えることの反証がないとして、請求を否定したケースがある。

### 肯定例

瑕疵の生じた原因が設計内容にある場合、建物の所有者からの補修工事の実施設計費用の損害賠償請求を認めている（〈①福岡地判 H23・3・24〉）。

① **福岡地判平成 23 年 3 月 24 日判時 2119 号 86 頁**
　設計事務所からの依頼でマンションの構造計算をした建築士に構造計算の誤りがあったとして、所有者から設計事務所及び建築士に対して不法行為に基づく損害賠償請求が行われた事案につき、補修に伴う実施設計費用を因果関係のある損害と認めた。

▶マンション ⇒ 補修に伴う実施設計費用－請求額(104万3250円)・認容額(104万3250円)

② 東京地判平成6年1月24日判時1517号66頁

「建築確認通知書が発行された後に売主が建物を建築して土地付で買主に譲渡する旨の契約を締結する」等の協定を結んだにもかかわらず、買主が契約締結を拒否した場合には、信義則違反として買主は売主に対して、リゾートマンション建物建築のために売主が設計計画費として支払った費用（2720万円）の賠償義務を負うが、買主にも建築確認の手続が遅れたことの過失があることを根拠に2割の過失相殺を認めた。

▶リゾートマンション ⇒ 設計計画費－請求額(2720万円)・認容額(2176万円)

### 否定例

構造計算書偽装事件ほかの事件で都道府県や建築主事の判断が誤っていたとしても、故意又は重過失がない限り損害請求は認められていない（〈①京都地判 H21・10・30〉、〈②前橋地判 H21・4・15〉）。

① 京都地判平成21年10月30日判時2080号54頁

建築士による構造計算書偽装事件において、建築確認をした建築主事の過失を理由に、自治体に対して損害賠償請求を行った事案につき、建築基準法は、建築物についての建築主の所有権を直接保護の対象としていない以上、建築主事が建築基準関係規定適合性の判断を誤っても、建築主事に故意または重過失がない限り、原則として違法とは評価できないと判断し、当該建築主事に重過失は認められないとして、設計費用を含む請求をすべて棄却した。

▶ホテル建物 ⇒ 設計費用－請求額(399万円)・認容額(0円)

② 前橋地判平成21年4月15日判時2040号92頁

施主と建築会社が、県に対し、同建築主事が、建物の構造計算について、

適正な審査を怠り違法に建築確認を行ったとして、国家賠償を求めた事案につき、建築基準法について、国民を保護するもので、建築物の所有者による建築物に係る利用価値または資産価値を内容とする財産上の利益を保護したり、工事業者の業務上の利益を保護することは目的ではなく、国家賠償法上の保護は受けないと評価し、建築主事は、申請書に基づき、計画が法に適合するか形式的に審査すれば足り、県や建築主事の建築確認に違法性は認められないとして、耐震設計費用を含む損害賠償請求を棄却した。

▶ホテル建物 ⇒ 耐震設計費用－請求額(266万7000円)・認容額(0円)

③ 横浜地判平成9年12月26日判タ977号87頁
　建築主事の行政指導に従う姿勢を示している状況において、行政庁がしばらく建築確認申請の受理を留保しても国家賠償法上の賠償義務はないとして建築士への設計報酬金642万8390円ほかの賠償請求を否定した。

▶木造一戸建て ⇒ 設計報酬金－請求額(624万8390円)・認容額(0円)

④ 東京地判平成5年12月16日判タ849号210頁
　転売目的の鉄筋コンクリート造マンション売買契約において建築基準法上の完了検査済証を交付することが予め特約として定められていたにもかかわらず交付できなかった事案につき、完了検査済証がない場合の不都合等も斟酌して買主からの解除請求を認めたが、違約金の定め（代金の20％）がありこの損害賠償額の予定の推定を覆す反証がないことから違約金以外の設計費用などの損害賠償請求は否定した。

▶鉄筋コンクリート造マンション ⇒ 追加設計料－請求額(100万円)・認容額(0円)

⑤ 横浜地判平成4年1月31日判タ793号197頁
　違法なマンション建設反対運動によりマンション建設を断念せざるを得なくなり内金300万円を含む1500万円の設計費用が無駄になったとして建築主から反対者に対する賠償請求がなされた事案につき、反対運動に違法性は

ないとして請求が否定された。

▶マンション ⇒ 設計費用－請求額(1500万円)・認容額(0円)

⑥　東京地判平成2年2月9日判時1365号71頁

　仕事の目的物に瑕疵があることについては、請負契約の瑕疵担保責任を主張する注文者に主張立証責任があり、不具合の主張だけでは不十分として、注文者の請負人に対するボーリング場設計監理費用の賠償請求を否定した。

▶ボーリング場 ⇒ 設計監理料－請求額(500万円)・認容額(0円)

## 3 基礎関係工事費用

Q 地盤、基礎にかかわる工事費用に関する損害賠償請求に関する特徴はどのようなものでしょうか。

A 地盤、基礎にかかわる工事は、外部から確認できない箇所が多いうえ、杭打ち工事の瑕疵などによる損害は甚大に及ぶ傾向にある。また、宅地自体が、地下水の集中地帯であったことが後に判明し、宅地として使用するために、通常の地盤改良工事に加え、特殊な杭打ち工事、透水管設置工事など追加工事の実施費用を、瑕疵担保責任に基づく損害賠償請求として認めている。

肯定例

地中埋設物及び地下水集中地盤の存在並びに土壌汚染等は、「隠れた瑕疵」として、瑕疵担保責任に基づく損害賠償請求が認められる傾向にある。

① 名古屋地判平成25年4月26日判時2205号74頁

売買契約により取得した土地について、地表から0.5メートルの地下水位から地下水が湧出しているとして買主が売主に対して、瑕疵担保責任に基づく損害賠償請求を行った事案につき、鋼管杭による杭地業工事が必要であるとして、杭地業工事による増加工事費用を損害として認めた。

▶土地 ⇒ 杭地業工事による増加工事費用－請求額(212万0638円)・認容額(212万0638円)

② 東京地判平成24年12月13日判例秘書L06730749

マンションを建築用地として購入した土地につき、隣地建物の基礎が越境していたり、都の基準値を超える土壌汚染があること、さらには地中から松

杭が発見されたことが、いずれも土地の瑕疵にあたるとして、売買契約及び売主の瑕疵担保責任に基づく損害賠償請求を求めた事案につき、地中物の撤去工事費用を因果関係のある損害と認めた。

▶土地 ⇒ 地中物撤去工事費用－請求額(137万5500円)・認容額(137万5500円)

③ 東京地判平成 24 年 7 月 6 日判時 2163 号 61 頁
　工事を施工した土地賃借人が、地中に底盤コンクリートを残置したまま返還したことを理由として、土地の賃貸人らが賃借人に債務不履行に基づく損害賠償請求を求めた事案につき、現実に支出していない底盤コンクリート撤去費用相当額の損害は否定されたものの、底盤コンクリートを残置したことで、当初の予定より増加したマンション建築費用について、損害を認めた。

▶土地 ⇒ 底盤コンクリート残置による追加、変更工事費用－請求額(735万円)・認容額(735万円)

④ 福岡地小倉支判平成 21 年 7 月 14 日判タ 1322 号 188 頁
　売買の目的物たる土地に岩塊等の地中埋設物があり、中高層建物を建てるにあたり工法変更が必要になったとして、工事遅延による逸失利益は相当因果関係が認められなかったが、工法変更による工事費用増加額は、瑕疵と相当因果関係のある損害として認められた。

▶土地 ⇒ 基礎工事増加工事費－請求額(2310万2100円)・認容額(2310万2100円)

⑤ 東京地判平成 20 年 7 月 8 日登情 569 号 137 頁
　売買の目的物である宅地中に地下埋設物が存在し、その埋設物が建物建築の基礎工事の支障となり、これを除去しなければならないときは、当該埋設物の存在は民法 570 条にいう「隠れた瑕疵」に当たるとして、埋設物の調査、除去等対策に要した費用の損害を認めた。

▶土地 ⇒ 調査及び対策費用－請求額(5億8970万5850円)・認容額(5億8970万5850円)

> 第1節　工事関係費用

>否定例

　行政裁量の範囲で発生した損害については請求が認められない傾向にある。

○　**横浜地判平成9年12月26日判タ977号87頁**
　建築主事の行政指導に従う姿勢を示している状況において、行政庁がしばらく建築確認申請の受理を留保しても国家賠償法上の賠償義務はないとして木造一戸建て建築工事費増加分2032万5892円及びボーリング工事費用23万円の賠償請求を否定した。

▶木造一戸建て ⇒ 建築工事費の増加分及びボーリング工事費用－請求額（2055万5892円）・認容額（0円）

## 4 躯体関係工事費用

**Q** 躯体は、耐震強度など、建物の構造に直結する部分であり、その費用は、多額に及ぶことが想定されています。構造耐力不足の場合において、新たに躯体を新築する費用の賠償まで認められますか。

**A** 建売住宅が構造耐力、防火性に関する建築基準法上の基準を満たしていない違法建築であるとして、建築基準法所定の検査済証の交付を受けられなかった場合、売主、媒介業者、建築士に対して、躯体工事費用を含む新築工事費用の損害賠償を請求することが想定される。裁判例では、買主が建売住宅から退去して建て替えなければならない具体的な危険が生じていない場合には、慰謝料の損害賠償のみが認められ、躯体の新築工事費用等の賠償を認めなかったケースがある。

#### 肯定例

建物の安全性（最判平成23年7月21日参照）の観点から必要な範囲での補修躯体工事費用が認められている。工事費用の一部を設計会社だけに認めたものがある（《②福岡高判H24・1・10》）。

① **大阪地判平成25年2月26日判タ1389号193頁**

基礎梁から雨水が漏水するという瑕疵の修繕方法としては、基礎梁の相当部分を解体撤去して打設し直すまでの必要性はなく、クラックに注入止水材をひび割れ内部等全体に高圧で注入する方法で修補することができるとして、その補修方法による基礎梁修補工事費用を認めた。

▶マンション ⇒ 基礎梁修補工事費用－請求額(不明)・認容額(189万6000円)

② 福岡高判平成 24 年 1 月 10 日判タ 1387 号 238 頁・判時 2158 号 62 頁

　建築された本件建物をその建築主から購入した者が、本件建物にはひび割れや鉄筋の耐力低下等の瑕疵があると主張して、上記建築の設計及び工事監理をした設計会社に対しては、不法行為に基づく損害賠償を請求し、その施工をした施工業者に対しては、請負契約上の地位の譲受けを前提として瑕疵担保責任に基づく瑕疵修補費用または損害賠償を請求するとともに、不法行為に基づく損害賠償を請求した事案につき、床スラブのひび割れの損害については被告双方に対する請求を、床スラブの構造上の瑕疵、及び、配管スリーブの梁貫通による耐力不足については、施工業者には故意過失がないとして設計会社に対する請求のみを認めた。

▶9 階建ての共同住宅・店舗 ⇒ 躯体の補修工事費用－請求額（2 億 4372 万 6972 円）・認容額（1203 万 7056 円）

③ 仙台地判平成 23 年 1 月 13 日判時 2112 号 75 頁

　建物築造請負契約における注文者が、請負業者に対して瑕疵担保責任に基づく損害賠償請求をするとともに、工事監理者の使用者である監理会社に対して使用者責任に基づく損害賠償請求を請求した事案につき、柱のかぶり厚さ不足及び帯筋間隔不良是正工事が相当であると認められ、その工事に要する費用を損害として認めた。

▶自宅兼賃貸用マンション ⇒ 柱のかぶり厚さ不足、帯筋間隔不良、一階柱脚部帯筋不足の補修工事費用－請求額（489 万 0321 円）・認容額（489 万 0321 円）

④ 東京地判平成 3 年 11 月 28 日判タ 791 号 246 頁

　私道部分の進行権についての（調停における）合意に基づく協力義務（行政庁に対する申請への協力義務）に違反したことから、建築予定の建物について設計変更を余儀なくされたことに基づく工事費用 114 万円の請求に関して過失相殺 3 割として 79 万 8000 円の範囲で認めた。

▶一戸建て ⇒ 工事費用－請求額（114 万円）・認容額（79 万 8000 円）

⑤　千葉地判昭和62年7月17日判時1268号126頁

　取得した土地上に住宅を建てるためには、いわゆる「がけ条例」が存在するためにがけ部分に擁壁を建築しなければ建築確認を受けることができないことは、土地の「隠れたる瑕疵」に該当するとして、擁壁建築費用332万6000円の買主の売主に対する損害賠償請求を認めた。

▶土地 ⇒ 擁壁建築費用－請求額（332万6000円）・認容額（332万6000円）

**否定例**

　建物の安全性を損なう瑕疵に該当しない場合には、賠償が否定される傾向にある（〈①福岡高判H21・2・6〉）。ただし、最判平成23年7月21日参照。

①　福岡高判平成21年2月6日判時2072号192頁・同法1303号205頁

　建物をその建築主から購入した買主が、本件建物には設備のひび割れや鉄筋の耐力低下等躯体の瑕疵があると主張して、上記建築の設計及び工事監理をした設計会社に対して、不法行為に基づく損害賠償を請求し、その施工をした施工業者に対して、請負契約上の地位の譲受けを前提として瑕疵担保責任に基づく瑕疵補修費用または損害賠償を請求するとともに、不法行為に基づく損害賠償を請求した事案につき、本件建物にみられる不具合は、建物としての基本的な安全性を損なう瑕疵には当たらないとして、建物の買受人の設計者、施工者、工事監理者に対する不法行為に基づく損害賠償請求を棄却した。

▶9階建てマンション兼店舗ビル ⇒ 躯体の補修工事費用－請求額（2億4372万6972円）・認容額（0円）

②　京都地判平成13年8月20日最新・不動産取引の判例不動産適正取引推進機構63頁

　建売住宅が構造耐力、防火性に関する建築基準法上の基準を満たしていない違法建築であるとして、建築基準法所定の検査済証の交付を受けられな

かったため、買主が、売主、媒介業者、建築士に対して、躯体工事費用を含む新築工事費用の損害賠償を請求した事案につき、買主が建売住宅から退去して建て替えなければならない具体的な危険が生じていない場合には、慰謝料の損害賠償のみが認められ、躯体の新築工事費用等の賠償は認めらなかった。

▶**一戸建て建売住宅 ⇒ 躯体の新築工事費用－請求額(3064万円)・認容額(0円)**

③　横浜地判平成9年12月26日判タ977号87頁

　築確認申請の受理を留保しても国家賠償法上の賠償義務はないとして木造一戸建て擁壁取壊及び再構築費用金1007万円の賠償請求を否定した。

▶**木造一戸建て ⇒ 擁壁取壊及び再構築費用－請求額(1007万円)・認容額(0円)**

第 1 章　積極損害

### 5　設備関係工事費用

> **Q** 建物の構造部分ではありませんが、建物が定められた使用目的を達成するために必要な設備の設置費用及び運転費用につき、性能不足の場合の損害賠償はどのように考えられますか。

> **A** 建築請負契約上、建物に求められる性能が明確となっており、かかる性能を備えていないことが明確である場合には、性能不足によって超過してかかった光熱費等の用役費及び運転経費の請求が認められるケースがある。一方で、契約書上、性能についての保証を除外する規定がある場合には当該請求が認められていない。

#### 肯定例

　設備設置の瑕疵に基づく損害賠償請求は、損害の発生、及びその拡大につき、いかなる者が寄与したのかを丁寧に分析して判断する傾向にある（〈③東京地判 H4・3・19〉）。

① **長崎地判平成 27 年 1 月 20 日判例秘書 L07050011**
　県のごみ処理広域化計画により設置された事務組合が、施工業者との間で締結したゴミ処理施設の設計建設請負契約につき、引渡しを受けた本件施設は、合意した性能を満たさず、超過経費の損害が発生したとして、債務不履行等に基づく賠償を求めた事案につき、性能不足によって超過してかかった光熱費等の用役費及び運転経費の請求を認容した。
▶ゴミ処理施設 ⇒ 用役費及び運転経費－請求額（14億3998万5541円）・認容額（14億3998万5541円）

② 東京地判平成 25 年 10 月 4 日ウエストロー 2013WLJPCA10048003

　施工業者が、注文主から工場の加工室改修工事等を請け負ったとして、工事代金の支払を求め、注文主が工事の発注を否認して争った事案につき、注文主と施工御者との間には、工事全体の見積書、注文書は存在しないが、少なくとも、工場のトイレ・ボイラー室新築工事と乾燥機設置に必要な高圧受電設備工事に関する部分について、当事者間に請負工事実施の合意が認められることから、同工事の代金請求権の発生原因は認められるが、注文主の既払金額は、それ以上の金額であるとして、最終的には請求を棄却した。

▶工場 ⇒ ボイラー室等新設工事、乾燥機設置のための高圧受電設備工事費用－請求額（2676万7650円）・認定額（2280万3000円）

③ 東京地判平成 4 年 3 月 19 日判時 1442 号 126 頁

　マンション上階からの漏水によって階下住人の家具などが損傷した事案につき、ベランダ排水溝の設置保存に瑕疵があるとして上階の賃借人の工作物責任を認め、なおかつ、損害が拡大したことについては階下の所有者（賃貸人）にも責任があるとして所有者と上階の賃借人に対して連帯して被害者3名（家具類損傷費用合計 450 万円）に対する賠償義務が認められた。

▶マンション ⇒ 家具類損傷費用－請求額（不明）・認容額（450万円（3人分））


### 否定例

　「施工業者が設備関係の瑕疵については責任を負わない」旨の覚書の存在を根拠にして施工業者の責任を否定した〈①東京地判 H23・9・27〉は参考になる。

① 東京地判平成 23 年 9 月 27 日判例秘書 L06630539

　産業廃棄物処理工場新設工事についての請負契約に基づき、施工業者に対し、工場の一部が十分に機能せず請負工事が未完成であることを理由に、債

務不履行による損害賠償として、新たにかかる設備改修費用等を請求した事案につき、「施工業者は機器又は設備の調達に関して納入の責任を負わず、工期、及び、機器又は設備の性能を保証せず、瑕疵担保責任を負わず」等の本件契約に伴う覚書があること理由に、設備改修費用等の損害賠償請求を棄却した。

▶産業廃棄物処理工場 ⇒ 本件工場の改修に必要となった費用－請求額(1827万円)・認容額(0円)

② 福岡高判平成21年2月6日判時2072号192頁・同法1303号205頁

　建物をその建築主から購入した買主が、本件建物には設備のひび割れや鉄筋の耐力低下等躯体の瑕疵があると主張して、上記建築の設計及び工事監理をした設計会社に対して、不法行為に基づく損害賠償を請求し、その施工をした施工業者に対して、請負契約上の地位の譲受けを前提として瑕疵担保責任に基づく瑕疵補修費用または損害賠償を請求するとともに、不法行為に基づく損害賠償を請求した事案につき、建物にみられる不具合は、建物としての基本的な安全性を損なう瑕疵には当たらないとして、建物の買受人の設計者、施工者、工事監理者に対する不法行為に基づく損害賠償請求を棄却した。ただし、最判平成23年7月21日参照。

▶9階建てマンション兼店舗ビル ⇒ 設備関係の補修費用－請求額(4078万1597円)・認容額(0円)

③ 横浜地判平成9年12月26日判タ977号87頁

　建築主事の行政指導に従う姿勢を示している状況において、行政庁がしばらく建築確認申請の受理を留保しても国家賠償法上の賠償義務はないとして付帯設備費の増加分1477万7810円の賠償請求を否定した。

▶木造一戸建て ⇒ 付帯設備費の増加分－請求額(1477万7810円)・認容額(0円)

④　東京地八王子支判平成8年7月30日判時1600号118頁

　鉄筋コンクリート造マンションの床をフローリングに変えたことによって騒音などが発生して下階の住人に被害が発生したとして賠償請求がなされた事案につき、受忍限度を超えるものとして慰謝料（2人分合計150万円）の賠償請求を認めたが、復旧工事の請求は否定した。

▶鉄筋コンクリート造マンション ⇒ フローリングの復旧工事請求－否定

⑤　東京地判平成5年4月26日判時1413号74頁

　2階の改装工事によって生じた1階店舗（焼肉店）への漏水事故につき、施工業者の1階の焼肉店経営者に対する使用者責任を認めるも、賠償範囲は修理費用の限度とし、2階の室の賃貸人及び改装工事の注文者である2階の室の賃借人の責任を否定し、造作買取請求も否定した。

▶雑居ビル ⇒ 造作代金請求－請求額（380万1400円）・認容額（0円）

⑥　東京地判平成2年2月9日判時1365号71頁

　仕事の目的物に瑕疵があることについては、請負契約の瑕疵担保責任を主張する注文者に主張立証責任があり、不具合の主張だけでは不十分として、ボーリング場注文者の請負人に対するサウナ建設費用1000万円、広告塔建築費用700万円、ボーリング機械設備費用1億3950万円及びビリヤード一式260万円の請求を否定した。

▶ボーリング場 ⇒ サウナ建設費用－請求額（1000万円）・認容額（0円）、広告塔建築費用－請求額（700万円）・認容額（0円）、ボーリング機械設備費用－請求額（1億3950万円）・認容額（0円）、ビリヤード一式－請求額（260万円）・認容額（0円）

## 6 補修工事費用

**Q** 土地建物を購入しましたが、建物に欠陥があった場合、土地建物の売主と施工業者に対して、補修工事費用について、どのような内容の損害賠償請求ができますか。

**A** 売主の瑕疵担保責任は、新築住宅については住宅品質確保促進法に基づき、補修費用等についての損害賠償請求が認められる。施工業者に対する損害賠償請求を認めている判決がある。

　請負契約における瑕疵担保責任については、瑕疵担保期間経過後においても不法行為に基づく損害賠償請求が認められ得る。その場合、注文者の過失（民法716条）有無についても問題となる。なお、施工業者と設計監理を担当する建築士の責任は、連帯責任であり、特に建築士の責任期間（時効期間）については争いがある。損害賠償の算定基準時は原則として請求時であるがそれ以降となるケースもある。

　売買契約においても従来は「信頼利益に限定されるので修理費用の請求はできない」との判断が存在したが、品確法が適用される場合には修理費用も損害として認められる。ただし、賠償の範囲ついては「売買代金の範囲に限定される」との判断をしたものがある。なお、土地についての売買契約においても同様の観点から瑕疵担保責任を認めている。

　そのほか、請負契約における瑕疵担保責任については、注文者の誤った指示など注文者の過失（民法636条）が請求の存否の判断材料となっている。

　損害賠償の範囲については「修理不可能」の場合については、「建物の客観的価値の減少分」という判断例がある一方で、「建て替え

ざるえない場合には建替えに要する費用相当額を請求できる」との裁判例がある。

### a 地盤

地震による液状化を予測できなかったと判断した〈①東京地判 H27・1・30〉、〈②東京地判 H26・10・31〉、請求金額を売買代金の範囲とした〈⑤千葉地松戸支判 H6・8・25〉は参考になる。

#### ① 東京地判平成 27 年 1 月 30 日判例秘書 L07030145

建売住宅である土地建物び買主が、平成 23 年 3 月 11 日に発生した東日本大震災によって土地が液状化し、建物や土地内に設置された塀及び門扉が傾くなどの被害が生じたことについて、売主に対し、瑕疵担保責任に基づく損害賠償請求を行った事案につき、売買契約締結当時の小規模建築物の液状化対策工法に係る知見、及び、これ以前に発生したいわゆる震度 5 弱の地震においても、建物は液状化被害を受けていないことなどに照らすと、売主は、本件売買契約当時、本件建物に鉄筋コンクリートべた基礎を採用したにもかかわらず、本件液状化被害が生ずることは予見できなかったものであるから、本件建物に杭基礎を施工すべき義務や本件土地の地盤改良工事の実施義務はないとして、損害賠償請求を認めなかった。

▶一戸建て建売住宅 ⇒ 沈下修正工事費用－請求額(920万3817円)・認容額(0円)

#### ② 東京地判平成 26 年 10 月 31 日判時 2247 号 44 頁

平成 15 年ないし平成 17 年に分譲された千葉県浦安市内の各土地を購入して同土地上に建物を建築し、または、本件各土地をその土地上の建物と共に購入した原告等が、本件各土地分譲会社または上記建物を建築した会社に対し、平成 23 年 3 月 11 日に発生した東日本大震災による土地の液状化のため発生した本件各土地上の建物が傾くなどの被害について、不法行為に基づき、

予備的に瑕疵担保責任に基づき、以下の損害賠償を求める事案につき、本件土地は小規模建築物を建築するための利用であれば震度5程度の地震によっても液状化被害が発生する可能性は低かったことが認められ、それにもかかわらず、本件液状化被害が生じたのは、本件地震が震度5程度でありながら、上記売買契約当時、予想し得なかった揺れの継続時間の長い特殊な地震だったからである。そして、本件土地の売買契約締結当時、契約当事者において、本件土地が本件地震のような特殊な地震が発生した場合においても液状化しない品質・性能を具備していることを予定していたと認めるに足りる証拠はなく、住宅用建物の敷地（宅地）として通常有すべき品質・性能を有していたことが認められるから、本件各土地には瑕疵はないとして、損害賠償請求を認めなかった。

▶土地、建売住宅 ⇒ 地盤改良工事費用及び建物取壊費用－請求額（5億4104万円）・認容額（0円）

③　福島地判平成22年1月26日判例秘書L06550102

　土地を分譲した町が軟弱な盛土地盤の調査や防止策を怠ったため土地が地盤沈下して建物が傾いたとして、同町から土地を購入した買主が、売主たる同町に対して、損害賠償請求を行った事案につき、町は、土地の地盤の安定性、耐久性を確保する義務を怠ったとして、補修工事及び基礎地業改修工事費用を当該義務の違反と相当因果関係のある損害と認めた。

▶土地 ⇒ 補修工事及び基礎地業改修工事費用－請求額（2905万6236円）・認容額（2532万7636円）

④　福岡地判平成11年10月20日判時1709号77頁

　施工業者の地盤調査義務を認め、施工業者が十分な地盤調査を行うことなく建築した木造一戸建て建物に沈下、ひび割れが発生したことにつき施工業者の注文者に対する不法行為責任を認め、請求額（898万8525円）どおりの改修工事費用の請求を認めた。

▶木造一戸建て ⇒ 改修工事費用－請求額(898万8525円)・認容額(898万8525円)

⑤　千葉地松戸支判平成6年8月25日判時1543号149頁

　土地付建物の売買において土地の不等沈下による木造一戸建て建物の傾き（瑕疵）について売主の買主に対する瑕疵担保責任を認め、転売利益の賠償請求は否定するも、補修費用（対沈下工事費799万円・建物補修工事費143万円、合計942万円）の存在を認め、公平の見地から請求金額は売買代金650万円の範囲に限定した。

▶木造一戸建て ⇒ 補修費用－請求額(942万円)・認容額(650万円)

⑥　東京地判平成4年10月28日判時1467号124頁

　宅地の売買につき、地中に産業廃棄物が埋められ、かつ、旧建物の土間コンクリート及び基礎が埋設されていることは、土地の売買における「隠れたる瑕疵」と認定するも、本件土地売買は商人間の売買であるから買主には検査通知義務（商法526条）違反があるとして、売主が悪意であった部分（土間コンクリート及び基礎の存在）のみの撤去費用として請求額895万円のうち207万1400円の請求を認めた。

▶土地 ⇒ 撤去費用－請求額(895万円)・認容額(207万1400円)

⑦　大阪高判平成元年2月17日判時1323号68頁

　不等沈下が発生した鉄骨造建物の瑕疵につき、工事業者と設計監理事務所の注文者に対する瑕疵担保責任を連帯して認め、2棟分の建物鑑定費用の賠償請求を認めたほか、補修費用として1棟分については請求額どおりの賠償義務を認め、もう1棟については再築費用の請求（2人分3962万6355円）がなされたが、部分修復で十分との判断から2人分3961万8407円の範囲で請求を認めた。

▶鉄骨造共同住宅 ⇒ 補修費用・再築費用－請求額(2500万円・3962万6355円)・認容額(2500万円・3961万8407円)(2棟分)

### ⑧ 東京地判昭和61年9月12日判タ646号184頁

　土地共有者2人のうち1人が注文して鉄筋コンクリート造3階建てビルが建築されたことによって隣地の借地人の所有する建物が損傷したことから、隣地建物所有者が注文者である土地共有者及びもう1人の共有者並びに請負人である建物建築業者に対して補修費用1761万4800円を請求した事案につき、土地共有者2名の責任を否定し、施工業者に対する賠償請求を認めた。ただし原告建物の欠陥ないし施工不良が原因のひとつであることなどを考慮して483万4892円の範囲で支払義務を認めた。

▶マンション ⇒ 補修費用－請求額(1761万4800円)・認容額(483万4892円)

### b　基　礎

　建物の老朽化を考慮した〈⑤東京地判H4・4・27〉、損害賠償額の算定時を「請求時から6か月」とした〈④仙台高判H4・12・8〉は参考になる。

### ① 東京地判平成27年1月14日判例秘書L07030087

　建物の所有者が、平成23年3月11日に発生した東日本大震災による土地液状化が原因で建物が傾くなどの被害を受け、建物を建て替えざるを得なくなったとして、売主に対し瑕疵担保責任に基づく損害賠償請求を求めた事案につき、売買契約締結当時、既に発刊されていた日本建築学会編集・著作の手引き及び、日本建築学会が設置した小規模建築物基礎小委員会の活動の成果を反映した本件手引きの改定版というべき小規模建築物基礎設計指針には、本件建物のような小規模建築物の基礎については、液状化についての対策として、べた基礎が挙げられていること等を考慮すると、売買契約締結当時の社会通念に照らして、べた基礎で設計・施工された本件建物が住宅として通常有すべき性能・品質を欠いていると判断することはできないとして、液状化対策杭工事費用の賠償を否定した。

▶木造一戸建て ⇒ 液状化対策杭工事費用－請求額(900万円)・認容額(0円)

② 東京地判平成 10 年 11 月 26 日判時 1682 号 60 頁

　マンション建設を目的とする 2 筆の土地売買（ただし買主は同一人）において、それぞれの土地の地中に杭並びに基礎部分が残存していることは「隠れたる瑕疵」に該当するとして、撤去費用として請求額 3296 万円のうち 3090 万円の賠償請求を、売主それぞれに案分して支払義務を認めた。

▶土地 ⇒ 撤去費用－請求額（3296万円）・認容額（3090万円）

③ 神戸地判平成 9 年 9 月 8 日判時 1652 号 114 頁

　傾斜地に建築した鉄筋コンクリート造建物に発生した浸水現象につき、契約の目的を達成できない「隠れたる瑕疵」に該当するとして買主からの解除を認めるも、売主から注文を受けた施工業者（請負人）の売主に対する使用者責任に基づく瑕疵補修費用 1 億 5000 万円の支払義務については、施工業者に「積極的な加害意思がある」など特段の事情がない場合には賠償請求できないとした。また売主の賠償義務の範囲は信頼利益の範囲に限るとして弁護士費用の請求を否定し、転売目的であったことから精神的損害はないとして慰謝料請求は否定した。ただし、最判平成 23 年 7 月 21 日参照。

▶鉄筋コンクリート造建物 ⇒ 瑕疵補修費用－請求額（1億5000万円）・認容額（0円）

④ 仙台高判平成 4 年 12 月 8 日判時 1468 号 97 頁

　請負業者からの残代金支払請求に対して注文者からの修補に代わる損害賠償請求権に基づく相殺の主張を認め、損害賠償額の算定時期としては本来補償請求時を基準とするも損害が拡大している場合には公平に観点から請求時から 6 か月経過した時点を基準として請求金額 575 万 4000 円のうち 380 万円の賠償請求を認めた。

▶飲食店 ⇒ 補修費用－請求額（575万4000円）・認容額（380万円）

⑤ 東京地判平成 4 年 4 月 27 日判時 1458 号 105 頁

　ビル新築工事を担当した建設会社の山留工事の不良に基づき発生した隣接

## 第1章　積極損害

建物の傾斜・沈下などにつき建設会社の不法行為責任を認めるも、原告主張の工事方法によると現在の隣接建物と同程度の建物を新築する費用（1900万円）を上回ることになり、相当でないとして、建物の老朽化等を考慮して780万円の範囲で補修工事費用を認めた。

▶木造一戸建て ⇒ 補修工事費用－請求額（2089万4726円）・認容額（780万円）

### c　床

○　東京地判平成 23 年 3 月 3 日判タ 1363 号 100 頁

　住宅メーカーが、建材メーカーに対し製造を依頼した住宅床材を当該建材メーカーから継続的に買い受け、これを住宅メーカーが建築工事を請け負った住宅の床材に使用したところ、顧客から、ベタインキ層の層間はく離により本件化粧シートを用いた本件製品の表面化粧柄がはく離する現象が多数発生した（同住宅メーカーは、顧客に対し、引渡後2年以内に、施工した住宅の内部床仕上材及び階段仕上材に著しいそり、破損、浮き、はがれ、割れ及びきしみの各現象が発生した場合には、請負業者及び旧ミサワホームの責任で修補することを保証していた）事案につき、本件不具合は、本件製品にはり合わされた本件化粧シートのベタインキ層の層間はく離によって生じたであるとして、不具合部分の修補工事の工事費用を損害として認めた。

▶住宅 ⇒ 住宅用床材の瑕疵による修補費用－請求額（24億6749万0124円）・認容額（12億3447万0296円）

### d　柱、梁

①　東京地判平成 25 年 8 月 27 日判例秘書 L06830637

　建物請負工事に関し、施工の瑕疵により注文者に生じた損害を賠償した元請けたる施工業者が、瑕疵が下請負たる施工業者の施工により生じたものもあるとして、損害の賠償を求めた事案につき、いわゆる在来の軸組工法を基本にして、管柱、通し柱、桁、梁、束などの主要な構造部を現場で施工する前に工場などで加工し、これらを特殊な接合金物を用いてドリフトピンやボルト・ナットで接合するという工法（いわゆるプレカット工法）で建築され

たが、必要なピンの欠落やナットの欠落、緩みがあり、下請業者の施工ミスが認められるとし、損害賠償を認めたが、元請業者にも、本件工事に関する各種検査に立ち会わないなど、工事監督及び管理を怠って損害を拡大させた過失も相当に重いとして、50％の過失相殺を認めた。

▶木造一戸建て ⇒ 補修費用－請求額（666万9274円）・認容額（277万9170円）

② 東京地判平成25年7月30日判例秘書L06830600
　建売住宅の購入者が、耐力壁、柱、梁に施工不良に係る瑕疵があるとして、売主に対して、瑕疵担保責任に基づく損害賠償請求を行った事案につき、本件建物には、構造用合板、筋交い及び出隅柱の緊結不良の瑕疵があり、これらは、本件契約が締結された当時、本件建物が着工すらされていなかったことから、買主が気づくことは不可能であり、いずれも隠れた瑕疵といえるとして、損害賠償を認めた。

▶木造一戸建て ⇒ 構造用合板、筋交い及び出隅柱補修工事費用－請求額（203万5362円）・認容額（203万5362円）

③ 神戸地姫路支判平成7年1月30日判時1531号92頁
　建築請負契約における請負人からの残代金（本訴）請求に対して、注文者が請負人の従業員である建築士の過失による鉄骨コンクリート造マンション建物の瑕疵の存在を主張して請負人の使用者責任として建替えと同様の補修費用等の反訴請求を行った事案につき、瑕疵の存在を認めて注文者からの損害賠償請求の内容として再施工費用等請求額2791万円のうち2093万2500円の請求を認めた。

▶鉄骨造マンション ⇒ 再施工費用等－請求額（2791万円）・認容額（2093万2500円）

### e　外　壁

　漏水に関して「建物の基本的安全性を損なう」と判断した〈①東京地判H26・1・31〉は参考になる。

① 東京地判平成26年1月31日判例秘書L06930175
　建築請負契約で建てられた建物には、外壁通気構法が採用されていないなど複数の瑕疵があり漏水等の損害を被ったとして、注文者が、主位的に不法行為に基づく損害賠償を求めた事案につき、建物のバルコニー及び外壁の防水処理に瑕疵があり、いずれも被告の過失により建物の基本的な安全性を損なう施工を行ったために生じたといえるとし、補修費用相当分の損害を認めた。

▶木・鉄骨造3階建住宅 ⇒ 補修工事費用－請求額（747万6836円）・認容額（150万円）

② 東京地判平成25年5月9日判例秘書L06830404
　複数の住宅建築工事を、注文者から請け負った建築会社が、建築工事のうちの外壁工事を下請け業者に請け負わせたところ、孫請業者が建物としての基本的な安全性を損なうような手抜き工事をした事案につき、孫請業者が施工につき不法行為責任を負う場合には、下請け業者は使用者として不法行為責任を負うとして請求を認容したうえで、施工業者（元請）は、現に所有者から損害賠償請求を受けて補修工事を自ら行うか、同工事費用相当額を賠償しない限り、不法行為によって、権利を侵害されて損害を被ったとはいえないとして請求の一部のみを損害として認めた。

▶複数の住宅 ⇒ 補修工事費用－請求額（8694万7116円）・認容額（137万6250円）

③ 東京地判平成4年12月21日判タ843号221頁
　建物の建築につき注文者との間で工事の監理契約を締結した者の債務不履行責任は、建築請負人の瑕疵担保責任が除斥期間の経過によって消滅した時にはそれと同時に消滅するとして、注文者からの施工者と監理者に対する賠償請求の一部を否定して、それぞれ修繕費用の一部を認めた。

▶鉄筋・店舗建物 ⇒ 修繕費用－請求額（施工業者と設計監理者に対して）
1億1519万3000円（ただし、このうちの一部請求）・認容額（（施工業者）280万1150円・（監理業者）197万6150円）

### f　内　壁

○　東京地判平成26年9月16日判例秘書L06930583

　地下1階店舗の区分所有者が、同店舗の天井及び内壁から漏水及び悪臭が発生したとして、1階の所有者兼占有者、前所有者、及び、建築施工業者に対して損害賠償等を求めた事案につき、本件漏水は1階エントランス付近の内装工事の不備及び厨房付近の防水工事の不備によるものと認定したうえで、現所有者に対しては民法717条1項に基づく本件瑕疵の損害賠償責任を認め、施工業者に対しては給水管回りの漏水による損害賠償を認めたが、内装工事で行うべき施工の不備までは責任はないとして一部認容し、前所有者には所有者責任等は認められないとした。

▶鉄筋コンクリート造地上6階地下1階建マンション ⇒ 内装工事費用－請求額(3者それぞれに対して、5317万8298円)・認容額(現所有者に対して2511万7721円、旧所有者に対して0円、施工業者に対して73万9000円)

### g　屋　根

　部材供給業者の指導（説明）義務違反を認めた〈①名古屋高判H20・4・21〉は参考になる。

① 名古屋高判平成20年4月21日判時2048号37頁

　工務店を加盟工務店として、オーエムソーラーシステム（建物の屋根面で温められた空気を、建物中央に設置されたダクトを通して床下に貯め、各室の床に設置された吹出口から室内に吹き上げて暖房するシステム）等の部材を供給した部材供給業者について、同システムにより住宅を建築しようとする消費者に対し、シロアリ発生のリスクを伝え、シロアリ進入を防ぐ指導をする義務を怠った過失があるとして、注文主に対する損害賠償が認められた。

▶住宅 ⇒ 基礎工事やり直し費用等－請求額(5130万円)・認容額(3815万7672円)

## ② 神戸地判平成11年7月30日判時1715号64頁

一戸建て中古住宅の売買において天井裏などに多数のコウモリが生息していたことが引渡後に発覚した事案につき、この点は「隠れたる瑕疵」に該当するとして売主の買主に対する瑕疵担保責任を認め、買主2名から売主に対する補修工事費用合計金113万4000円の請求を全額認容した。ただし仲介業者の責任は否定されている。

▶中古一戸建て ⇒ 補修工事費用－請求額(113万4000円)・認容額(113万4000円)

## ③ 東京地判平成4年12月21日判タ843号221頁

建物の建築につき注文者との間で工事の監理契約を締結した者の債務不履行責任は、建築請負人の瑕疵担保責任が除斥期間の経過によって消滅した時にはそれと同時に消滅するとして、注文者からの施工者と監理者に対する賠償請求の一部を否定して、それぞれ修繕費用の一部を認めた。

▶鉄筋・店舗建物 ⇒ 修繕費用－請求額(施工業者と設計監理者に対して)1億1519万3000円(ただし、このうちの一部請求)・認容額((施工業者)280万1150円・(監理業者)197万6150円)

### h 設備

注文者の指図による免責を認めなかった〈⑤京都地判H4・12・4〉、損害の拡大について第三者の責任を考慮した〈⑥東京地判H4・3・19〉は参考になる。

## ① 東京高判平成8年12月26日判時1599号79頁

マンション共用部分の瑕疵に関する損害賠償請求については、マンション管理組合(権利能力なき社団)には当事者適格が認められるが、損害賠償請求権は共用部分の共有者である各区分所有者に総有的に帰属するものであり、しかも可分債権であるから持分割合に応じて各区分所有者に帰属しているので管理組合は請求できないとした。

▶マンション ⇒ 修繕費用－請求額(1億3558万5534円)・認容額(0円)

## ② 東京地判平成5年1月28日判時1470号91頁

マンションの上階からの漏水によって生じた被害について、下階の住人からの上階所有者（賃貸人）、上階賃借人、マンション管理業者に対して損害賠償請求がなされた事案につき、原因となった部分は管理業者の管理義務の範囲外であるとして上階所有者（賃貸人）と上階賃借人に対して修復工事代金123万5000円の請求のうち63万1170円の範囲で支払を命じた。

▶マンション ⇒ 修復工事代金－請求額（123万5000円）・認容額（63万1170円）

## ③ 東京地判平成4年12月21日判タ843号221頁

建物の建築につき注文者との間で工事の監理契約を締結した者の債務不履行責任は、建築請負人の瑕疵担保責任が除斥期間の経過によって消滅した時にはそれと同時に消滅するとして、注文者からの施工者と監理者に対する賠償請求の一部を否定して、それぞれ修繕費用の一部を認めた。

▶鉄筋・店舗建物 ⇒ 修繕費用－請求額（施工業者と設計監理者に対して）1億1519万3000円（ただし、このうちの一部請求）・認容額（（施工業者）280万1150円・（監理業者）197万6150円）

## ④ 東京地八王子支判平成4年12月9日判時1465号106頁

マンションの建設業者から提出された新設水道工事申込書などを受理しなかったことが水道法上の正当理由がないとして市の損害賠償請求が認められ、引水設備の設置費用及び汲取槽の設置・維持費用合計546万5000円のうち汲取槽の設置及び維持費用として333万円の範囲で賠償責任が認められた。

▶マンション ⇒ 汲取槽の設置及び維持費用－請求額（546万5000円）・認容額333万円

## ⑤ 京都地判平成4年12月4日判タ809号167頁・判時1476号142頁

マンション建築における汚水管設備の工事の瑕疵につき、瑕疵の原因となった施工方法について注文者から設計監理を依頼された設計事務所の承諾を得ていたとしても、それだけでは民法636条の「注文者の指図」とはいえず、請負人たる施工業者の瑕疵担保責任は免れないが、根本的な原因が設計

自体にあることに鑑み、過失相殺の規定を準用して、補修費用（配管取り替え工事費用）等の合計額の5割の賠償義務を認めた。ただし、慰謝料の請求は否定した。

▶マンション ⇒ 補修費用（配管取替え工事費用）－請求額（279万5760円）・認容額（139万7880円）

⑥ 東京地判平成4年3月19日判時1442号126頁

マンションの上階からの漏水によって下階住人の家具などが損傷した事案につき、ベランダ排水溝の設置保存に瑕疵があるとして上階の賃借人の工作物責任を認め、なおかつ、損害が拡大したことについては下階の所有者（賃貸人）にも責任があるとして所有者と上階の賃借人に対して連帯して被害者に対する賠償義務が認められ、補修費用（内装工事費用）として689万円の請求のうち、650万円の請求を認めた。

▶マンション ⇒ 補修費用（内装工事費用）－請求額（689万円）・認容額（650万円）

⑦ 大阪高判平成3年8月29日判時1410号69頁

雑居ビル地下1階の店舗に発生した漏水による被害につき、地下1階の店舗の賃借人に対する賃貸人の債務不履行責任のほか、上階（1階）の賃借人（占有者）にも保存に瑕疵があったことを原因とする工作物責任を競合して認め、両者は店舗改修工事費用について不真正連帯債務の関係にあるとして、店舗改修工事費用分2880万円のうち246万9864円の支払を命じた。

▶雑居ビル ⇒ 店舗改修工事費用－請求額（2880万円）・認容額（246万9864円）

⑧ 大阪地判平成3年6月28日判時1400号95頁

土地建物を取得した者が、建物に存在する欠陥について、直接の売主に対して瑕疵担保責任、その前主に対しては瑕疵担保責任の代位行使、施工業者に対しては使用者責任を追及した事案につき、売主の瑕疵担保責任の範囲は信頼利益の範囲に限定するとして補修費用の請求を否定したが、施工業者に

ついての使用者責任は認め、請求額732万円のうち487万円の範囲で請求を認めた。

▶木造・鉄筋・一戸建て ⇒ 補修費用－請求額(732万円)・認容額(487万円)

⑨　東京地判平成3年6月14日判時1413号78頁

　建物建築請負契約において、最終工程が終了したこと、一戸建て建物として使用できること、登記能力を備えていること等から工事は完成したとみなされるも、「車庫が使用できないこと」は建物の瑕疵であり、それについてたとえ注文者の指図に誤りがあっても請負人である施工業者はこれを発注者に知らせ改める機会を与えるべきところこれを怠ったことから、請負人に対して瑕疵担保責任または不法行為責任に基づき「建物の客観的価値の減少分」についての注文者に対する賠償義務を認めたが、社会通念上修補不能の場合の賠償請求は建物の客観的価値の減少分のみであり、建替費用などの損害を認めることはできないとして修補費用等(1508万4836円)の請求は否定した。

▶一戸建て ⇒ 修補費用－請求額(1508万4836円)・認容額(0円)

⑩　静岡地判平成2年2月9日判時1339号22頁

　集中豪雨によって山崩れが発生して家屋が倒壊したことによる死亡事故につき、崩壊した山に設置されていた観光用リフトの設置管理の瑕疵が原因であるとして、設置管理会社に対する工作物責任を認め、建物修繕費として最高430万2500円の請求を認めた。

▶観光用リフト ⇒ 建物修繕費－請求額(最高430万2500円)・認容額(最高430万2500円)－原告10名

### i　その他

**(1) 粉塵被害**

○　京都地判平成5年3月16日判夕827号250頁

　隣接地におけるマンション建築につき、隣家に与えた工事中の粉塵・震動・

騒音などによる被害は受忍限度を超えるものであるが、工事中の悪臭・交通の危険・プライバシー侵害等並びに工事完成後の日照侵害・プライバシー侵害等は受忍限度内であると認定し、工事業者に対して工事中の震動による家屋の損傷を補修する費用として原告4名に対して請求額898万8200円のうち合計644万8740円の支払を命じた。

▶**マンション ⇒ 家屋の損傷を補修する費用－請求額(898万8200円)・認容額(644万8740円)**

## (2) カビ

### ① 東京地判平成20年3月12日判タ1295号242頁

海岸に建築されたプレハブ式の倉庫の建築請負契約において、同敷地の環境下においても雨漏り防止、倉庫内における湿度の上昇やカビの繁殖の防止に配慮した倉庫としての基本的性能を有することが契約の内容になっていたとして、保管物の水濡れ、加湿、カビの発生により発生した損害について民事訴訟法248条に基づき損害賠償が認められた。

▶**プレハブ式倉庫 ⇒ 保管品毀損に伴う営業損害－請求額(3718万7975円)・認容額(2078万6723円)**

### ② 東京地判平成5年3月24日判時1489号127頁

土地建物の売買契約の後、大量のカビの発生により地下室が使用できなくなり、擁壁の一部が崩壊するなどした事案につき、売主の買主に対する不法行為責任を認め、工事費用として441万1600円のほかの賠償請求を認めた。

▶**木造一戸建て(地下室) ⇒ 工事費用－請求額(441万1600円)・認容額(441万1600円)**

## (3) 湿気と異臭

### ○ 東京高判平成6年2月24日判タ859号203頁

新築マンションの売買につき、分譲業者兼販売業者と買主との間に「瑕疵

のない建物を引き渡す合意」が存在したことを認定し、本件建物に湿気と悪臭が強いという瑕疵があることから売主たる分譲業者兼販売業者は買主に対して債務不履行責任として補修費用請求額（246万3000円）ほかの賠償義務があるとした。

▶マンション ⇒ 補修費用 − 請求額（246万3000円）・認容額（246万3000円）

### (4) 騒音、景観侵害、プライバシー侵害、日照侵害
① 京都地判平成22年10月5日判時2103号98頁

マンションに隣接して居住する者らが、①景観権ないし景観利益に基づく妨害排除請求として、マンションの占有者かつ所有者である会社破産管財人に対し、本件マンションの一部除却及び不法行為（景観権ないし景観利益侵害）に基づく損害賠償請求として、被告管財人、本件マンションの注文者及び本件マンションの建設工事を担当した施工業者に対し、金員の支払請求等、②本件工事によって騒音・振動被害を受けたとして、不法行為ないし債務不履行に基づき、注文者及び施工業者に対し、金員の支払請求、③本件マンションによる圧迫感、プライバシー侵害、日照侵害を受けているとして、不法行為に基づき、被告管財人、注文者及び施工業者に対し、金員の支払請求等を求めた事案につき、①景観権を認めることができず、景観利益を違法に侵害されておらず、③プライバシー侵害、日照侵害もないとしつつ、②騒音被害が存在したとして、損害賠償を認めた。

▶鉄筋コンクリート6階建てマンション ⇒ 騒音被害の損害賠償請求 − 請求額（不明）・認容額（原告各自40万円から10万円の範囲で認容）

② 東京地判平成9年10月15日判タ982号229頁

鉄筋コンクリート造マンションの上階の改装工事によってした階に発生した騒音・震動につき、工事期間のうち7日間についての不法行為責任を施工業者と設計監理をした建築士に認め、改装工事の注文者の責任を否定した。ただし、損害として原告4名のうち1人については修理費用5万1000円の

請求金額どおりに認めるも、避難のための山荘ホテル代及び交通費については相当因果関係の範囲に含まれないとして否定し、他の3名については慰謝料の請求を一部認めた。

▶**鉄筋コンクリート造マンション** ⇒ **修理費用－請求額（5万1000円）・認容額（5万1000円）**

③　大津地判平成9年8月21日判時1633号131頁

　高層マンションの建築の際に発生した騒音・震動などの被害については受忍限度内であるとして建築主と施工業者の賠償義務を否定したが、完成後の道路・鉄道の騒音が拡大したことについては建築主に対してのみ賠償義務を認め、騒音対策として二重窓工事費用の範囲で補修費用の賠償請求を認めた。

▶**高層マンション** ⇒ **補修費用（二重窓工事費用）－請求額（165万円・43万7973円）・認容額（70万3451円・40万8000円）（2人分）**

## 7 隣接地から

Q 隣接地の建築工事などが原因となって、居住建物へ何らかの影響を与えた場合の損害賠償の内容はどのようなものでしょうか。

A 建築紛争の中には、隣接地の工事が影響して建物そのものに不具合が発生したり生活環境が侵害されたりするケースがある。この場合因果関係のある範囲で補修工事費用等が損害として認定されるが、居住建物の施工不良の点を考慮した 肯定例 〈⑨東京地判S61・9・12〉、現在の建物が老朽化している点を含めた建物の価値を上回らないものと判断した 肯定例 〈⑦東京地判H4・4・27〉、同様に過失相殺の規定を推定して補修費用を制限した 肯定例 〈③浦和地判H7・3・10〉、同様に建物そのものに内在する原因を考慮した 肯定例 〈①東京地判H11・6・25〉。なお隣接地からは粉塵やプライバシーの問題もあり、プライバシーについては他の判例と同様に受忍限度で判断している 肯定例 〈⑥京都地判H5・3・16〉、 否定例 〈①東京地判H4・1・28〉は参考になる。なお隣接地の建物注文者に関しては、それぞれケースバイケースで判断している（ 肯定例 〈⑨東京地判S61・9・12〉、〈④東京地判H6・7・26〉及び 否定例 〈②大阪高判H元・1・25〉）。

肯定例

工事方法の具体的内容と、損害の具体的内容を厳格に検討し、粉塵・震動・騒音悪臭・交通の危険・プライバシー侵害等並びに工事完成後の日照侵害・プライバシー侵害等が受忍限度を超えるものか否かを基準とし、建物建築業者に隣接居住者に対する損害賠償を認めている。

### ①　東京地判平成 11 年 6 月 25 日判時 1717 号 97 頁

　隣接地の建物新築工事によって自己所有雑居ビルに亀裂などが生じたことについて隣接建物の所有者（注文者）、請負人、設計監理事務所に対して賠償請求した事案につき、所有者（注文者）の責任を否定し、請負人（施工業者）と設計監理事務所について連帯して賠償義務を認めるも、被害の一部は当該建物そのものに内在する原因もあったものとして復旧工事費用 3007 万 6000 円の請求のうち損害と認定された金額 2779 万 447 円の 7 割（1945 万 3313 円）の賠償義務を認めた。

▶雑居ビル ⇒ 復旧工事費用－請求額（3007万6000円）・認容額（1945万3313円）

### ②　大阪地判平成 10 年 7 月 31 日判時 1669 号 93 頁

　マンション建設業者がマンションへの進入路及び車両の転回部造成のために掘削工事をした際、掘削された断面に十分な土止めの工事をしなかったことから隣地に不等沈下が発生した事案につき、隣地一戸建住宅建物の所有者の原状修復費用としての 1667 万 8790 円の請求に対して 473 万 9000 円の範囲での損害を認めた。

▶一戸建て住宅 ⇒ 原状修復費用－請求額（1667万8790円）・認容額（473万9000円）

### ③　浦和地判平成 7 年 3 月 10 日判タ 908 号 206 頁

　隣接地の宅地造成工事に伴う給排水工事などにより建物が傾斜するなどの事情が発生した事案につき、被害者に対する宅地造成工事の請負人、下請業者及び下請業者の代表者に対する不法行為責任並びに注文者としての責任（民法 716 条但書）及び代表者の第三者責任（旧商法 266 条の 3）を認める一方で、被害建物にも構造上の欠陥が発生していたことを根拠として過失相殺の規定を類推適用して補修工事費用（1620 万円・942 万円）の 7 割の金額の支払を命じた。

▶木造一戸建て ⇒ 補修費用－請求額（2717万円・1572万円）・認容額（1134万円・659万4000円）－原告2名

④　東京地判平成6年7月26日判時1525号83頁

　木造一戸建て建物の外壁などに亀裂、隙間などができ一部が損傷したのは隣接土地におけるマンション建築工事に原因があるとしてマンション建築工事の注文者（デベロッパー）及び施工業者の不法行為責任を認め、補修費用として請求額761万4715円のうち268万583円について連帯して支払義務を認めた。

▶木造一戸建て ⇒ 補修費用－請求額(761万4715円)・認容額(268万583円)

⑤　東京高判平成6年3月26日判時1515号86頁

　共同住宅の建築に対してなされた付近住民の反対運動によって名誉棄損を受けたという建築業者からの付近住民に対する損害賠償請求に関して、第一審住民勝訴の判決の後に掲示された付近住民の垂れ幕に関してのみ撤去請求を認めた。ただし、慰謝料等の請求は否定した。

▶マンション ⇒ 慰謝料－請求額(802万5204円)・認容額(0円)

⑥　京都地判平成5年3月16日判タ827号250頁

　隣接地におけるマンション建築につき、隣家に与えた工事中の粉塵・震動・騒音などによる被害は受忍限度を超えるものであるが、工事中の悪臭・交通の危険・プライバシー侵害等並びに工事完成後の日照侵害・プライバシー侵害等は受忍限度内であると認定し、工事業者に対して工事中の震動による家屋の損傷を補修する費用として原告4名に対して請求額898万8200円のうち合計644万8740円の支払を命じた。

▶マンション ⇒ 家屋の損傷を補修する費用－請求額(898万8200円)・認容額(644万8740円)

⑦　東京地判平成4年4月27日判時1458号105頁

　ビル新築工事を担当した建設会社の山留工事の不良に基づき発生した隣接建物の傾斜・沈下などにつき建設会社の不法行為責任を認めるも、原告主張

の工事方法によると現在の隣接建物と同程度の建物を新築する費用（1900万円）を上回ることになり相当でないとして、建物の老朽化等を考慮して780万円の範囲で補修工事費用を認めた。

▶木造一戸建て ⇒ 補修工事費用－請求額(2089万4726円)・認容額(780万円)

⑧　横浜地判昭和63年6月17日判時1300号86頁
　市の発注よる公共用排水路改修工事によって隣接建物が沈下した事案につき、改修工事の注文者たる市の注文者の不法行為責任（民法716条）を認め、改修工事費用としては原告主張の工法とは異なる改修が可能であるとして改修費用1150万円の請求のうち170万円の賠償義務を認めた。ただし改修工事業者（請負人）の責任は否定した。

▶木造一戸建て ⇒ 改修費用－請求額(1150万円)・認容額(170万円)

⑨　東京地判昭和61年9月12日判タ646号184頁
　土地共有者2人のうち1人が注文して鉄筋コンクリート造3階建てビルが建築されたことによって隣地の借地人の所有する建物が損傷したことから、隣地建物所有者が注文者である土地共有者及びもう1人の共有者並びに請負人である建物建築業者に対して補修費用1761万4800円を請求した事案につき、土地共有者2名の責任を否定し、施工業者に対する賠償請求を認めた。ただし原告建物の欠陥ないし施工不良が原因のひとつであることなどを考慮して483万4892円の範囲で支払義務を認めた。

▶マンション ⇒ 補修費用－請求額(1761万4800円)・認容額(483万4892円)

### 否定例

損害が受忍限度内である場合には、賠償請求を否定している。

① 東京地判平成4年1月28日判タ808号205頁

　隣家からのプライバシー侵害・騒音・悪臭を根拠とする不法行為に基づく一戸建て窓の取り壊しや慰謝料（320万円）請求につき、苦痛や不安は受忍限度内であるとして請求を棄却した。

▶一戸建て ⇒ 目隠し措置、防音措置、排水パイプ撤去、屋根部分撤去－否定

② 大阪高判平成元年1月25日判時1316号96頁

　隣接地におけるマンション建設工事によって地盤沈下が生じたケースにおいて、注文者に過失はないとして被害者から建設工事の注文者に対する注文者の不法行為責任に基づく849万円の補修工事費用の請求を否定した。

▶マンション ⇒ 補修工事費用－請求額(849万円)・認容額(0円)

■第1章　積極損害

### 8 漏水

> Q 建築関係の漏水については、戸建住宅の漏水のほかに、賃貸住宅や雑居ビルでの漏水事故があり得ます。これらの事故はどのような特徴をもっていますか。

A 戸建住宅の漏水事故に関しては、基本的に施工業者（場合によっては設計・監理を担当した建築士を含む）が責任を負う。その一方でマンション（賃貸を含む）や雑居ビルに関しては、生活排水等が漏水の原因となった場合に、責任主体が、水を生じさせた者（例えば上階占有者）なのか、建物の施工業者なのか、または監理業者なのか、全員なのか、いろいろなケースが考えられ、その認定は事案によってそれぞれ異なる。

上階部分が賃貸していたケースにおいて上階所有者（賃貸人）と賃借人にのみ請求を認めた 肯定例 〈②東京地判 H5・1・28〉、直接の原因は上階の賃借人にあるとしつつ、損害拡大について区分所有者（賃貸人）にも責任を認めた 肯定例 〈③東京地判 H4・3・19〉、〈④大阪高判 H3・8・29〉は参考になる。

なお漏水が上階の改装工事に端を発している場合には工事の注文者も責任主体となり得る（ 肯定例 〈①東京地判 H5・4・26〉、ただし注文者の責任は否定）。

漏水の場合には補修工事費用のほか、漏水によって家具類が損傷することから、これについての損害賠償義務も生じる（ 肯定例 〈③東京地判 H4・3・19〉）。

肯定例

マンションにおける漏水損害は、入居者の支配する領域での排水溝の設置

保存の瑕疵等が原因であることが多く、この場合、支配領域の入居者（賃貸物件の場合には所有者）に賠償責任が認められる。

① **東京地判平成5年4月26日判時1413号74頁**
店舗等雑居ビル2階の改装工事によって生じた1階店舗への漏水事故につき、施工業者の従業員の施工ミスがあったとして改装工事の施工業者の1階焼肉店経営者に対する使用者責任を認め、修理費用として255万円の請求を認めた。ただし、2階の賃貸人及び改装工事の注文者である賃借人の責任を否定した。

▶**雑居ビル ⇒ 修理費用－請求額(255万円)・認容額(255万円)**

② **東京地判平成5年1月28日判時1470号91号**
マンションの上階からの漏水によって生じた被害について、下階の住人からの上階所有者（賃貸人）、上階賃借人、マンション管理業者に対して損害賠償請求がなされた事案につき、原因となった部分は管理業者の管理義務の範囲外であるとして上階所有者（賃貸人）と上階賃借人に対して修復工事代金123万5000円の請求のうち63万1170円の範囲で支払を命じた。

▶**マンション ⇒ 修復工事代金－請求額(123万5000円)・認容額(63万1170円)**

③ **東京地判平成4年3月19日判時1442号126頁**
マンション上階からの漏水によって階下住人の家具などが損傷した事案につき、ベランダ排水溝の設置保存に瑕疵があるとして上階の賃借人の工作物責任を認め、なおかつ、損害が拡大したことについては階下の所有者（賃貸人）にも責任があるとして所有者と上階の賃借人に対して連帯して被害者3名（家具類損傷費用合計450万円）に対する賠償義務が認められた。

▶**マンション ⇒ 家具類損傷費用－請求額(不明)・認容額(450万円(3人分))、
補修費用(内装工事費用)－請求額(689万円)・認容額(650万円)**

④　大阪高判平成3年8月29日判時1410号69頁
　雑居ビル地下1階の店舗に発生した漏水による被害につき、地下1階の店舗の賃借人に対する賃貸人の債務不履行責任のほか、上階（1階）の賃借人（占有者）にも保存に瑕疵があったことを原因とする工作物責任を競合して認め、両者は店舗改修工事費用について不真正連帯債務の関係にあるとして、店舗改修工事費用分2880万円のうち246万9864円の支払を命じた。

▶**雑居ビル ⇒ 店舗改修工事費用－請求額(2880万円)・認容額(246万9864円)**

## 9 解体・撤去費用

> **Q** 建設を依頼した建物に重大が瑕疵があるため、全く使用できない状態である場合、施工業者に対して、建物の解体費用と再建築費用を損害賠償請求できますか。

> **A** 建物を建て替えなければならない場合は解体工事費用が認められる。補修工事を実施するために必要な場合並びに日照侵害を是正する場合にも撤去費用が認められている。

#### 肯定例

建物の強度不足のため、建物の基礎的な安全性を欠く場合で、これを是正するために、建物を建替えるほかに方法がない場合には、解体及び再建築工事の費用の損害賠償が認められる。

① 仙台地判平成27年3月30日判例秘書L07050195

マンションのコンクリート圧縮強度が基準強度を下回っていた瑕疵があるところ、この瑕疵を根本から是正するには、技術的、経済的にみても、本件建物を建て替えるほかに方法はないとして、施主から請負人等に対する瑕疵担保責任に基づく損害賠償請求として、解体・新築工事費用の損害を認めた。

▶マンション ⇒ 解体・新築費用－請求額（4億2262万5000円）・認容額（4億2262万5000円）

② 福岡高判平成25年2月27日判時2254号44頁

マンションの構造計算の委託を受けた建築士の構造計算に誤りがあった事例において、建物としての基礎的な安全性を欠く判断し、所有者から建築士に対し、建物の取壊費用及び再建築費用相当額の損害が認められた。

▶マンション ⇒ 取壊費用及び建築費用－請求額（6億7889万2200円）・認容額（5億5154万2200円）

③　横浜地判平成21年1月31日自研89巻6号137頁

　耐震強度が不足しているマンションの所有者が、建築確認を行った指定確認検査機関に対して行った損害賠償請求を行った事例につき、本件マンションは、実質的にみて価値のない建物であり、耐震強度不足という建物の基本的な安全性を欠如した建物であり、このままでは原告らが安全に生活していくことのできない建物であるうえ、本件マンションの耐震強度不足を是正する本件補強工事案が相当であるとは認めず、原告らの損害を回復するためには、建替えの方法が相当であるとして、解体撤去費用の損害を認めた。

▶マンション ⇒ 解体撤去費用－請求額（1億5225万円）・認容額（1億5225万円）

④　札幌地判平成20年11月10日判例秘書L06451021

　木造家屋のリフォーム工事について「注文者の利益に反する工事や注文と全く異なる工事」であり、かつ「著しい瑕疵」がある工事がされたとして、工事成果物であるバルコニー、物置及びサンルームに関する注文者の撤去費用の請求が認容された。

▶木造2階建住宅 ⇒ 撤去費用－請求額（194万5650円）・認容額（96万円）

⑤　東京地判平成6年11月15日判時1537号139頁

　木造一戸建て建物が建築基準法に違反していること、区からの行政指導及び処分にも従わずに工事を強行したこと、日影被害は受忍限度を超えるものであることなどを根拠として、隣地所有者からの建物の一部切断・撤去請求を認め、かつ慰謝料請求（請求額300万円）についても30万円の範囲で認めた。

▶木造一戸建て ⇒ 建物切断請求－肯定

⑥　東京高判平成6年3月26日判時1515号86頁

　共同住宅の建築に対してなされた付近住民の反対運動によって名誉棄損を受けたという建築業者からの付近住民に対する損害賠償請求に関して、第一審住民勝訴の判決のあとに掲示された付近住民の垂れ幕に関してのみ撤去請

求を認めた。ただし、慰謝料等の請求は否定した。

▶マンション ⇒ 垂れ幕の撤去請求の認否－認容

⑦　東京地判平成5年6月1日判時1503号87頁

　建築基準法42条2項の指定道路が贈与された事案につき、従前から自動車で出入りしていた者の受取人に対する通行の自由権に基づく妨害排除請求等を自動車の通行の範囲で認めた。

▶工作物（コンクリート・ブロック）⇒ 通行権に基づく工作物撤去請求－認容

⑧　大阪地判平成4年2月21日判時1457号122頁

　日照侵害を根拠とする3階建店舗兼鉄筋鉄骨造共同住宅の一部撤去請求につき、工事の態様等が不法性が強く、被害も甚大であるとしてその請求を認めた。

▶店舗兼鉄筋鉄骨造共同住宅 ⇒ 建物の一部撤去－認容

> 否定例

　不具合の程度が、建物の通常有すべき性能・品質を欠いていると言えない場合、または、これが認められるとしても、補修工事で目的を達成できる場合には、解体工事・再建築工事費用の損害賠償は認められない。

①　東京地判平成27年1月14日判例秘書L07030087

　建物の所有者が、平成23年（2011年）3月11日に発生した東日本大震災により土地が液状化したことにより建物が傾くなどの被害を受け、建物を建て替えざるを得なくなったとして、売主に対し瑕疵担保責任に基づく損害賠償請求を求めた事案につき、売買契約締結当時、既に発刊されていた日本建築学会編集・著作の手引き及び、日本建築学会が設置した小規模建築物基礎小委員会の活動の成果を反映した本件手引きの改定版というべき小規模建

築物基礎設計指針には、本件建物のような小規模建築物の基礎については、液状化についての対策として、べた基礎が挙げられていること等を考慮すると、売買契約締結当時の社会通念に照らして、べた基礎で設計・施工された本件建物が住宅として通常有すべき性能・品質を欠いていると判断することはできないとして、建替え費用の賠償を否定した。

▶一戸建て ⇒ 解体費用、再建築工事費用－請求額(1億1364万8250円)・認容額(0円)

② 福岡地判平成23年3月24日判時2119号86頁

建築設計事務所から依頼を受けてマンションの構造計算を行った建築士に構造計算の誤りがあったとして、所有者が建築士に対して不法行為に基づく損害賠償請求を求めた事例につき、本件マンションについて、限界耐力計算を採用して補修することが現実的に可能であり、かつ、当該補修費用が建替え費用よりも低額となる場合には、損害の公平な分担という観点からも、当該補修費用をもって損害と認めるのが相当というべきであるとして、建替工事費用の賠償が認められなかった。

▶マンション ⇒ 建替工事費用－請求額(6億7889万2200円)・認容額(0円)

③ 東京高判平成12年10月26日判時1739号53頁

不動産業者が買主に対して本件土地についての建築基準法、県条例及び指導方針に基づく規制があることを告知せず多額の費用を要する擁壁築造工事を施工する必要があることなどを説明しなかったことは、仲介契約に基づく善管注意義務に違反するものであることが、解体費用などの建物の建築準備や建物の費用を鑑定した費用は債務不履行に基づく損害ではないとして買主からの請求を否定した。

▶土地 ⇒ 解体費用－請求額(133万9000円)・認容額(0円)

④ 東京地判平成4年1月28日判タ808号205頁

隣家からのプライバシー侵害・騒音・悪臭を根拠とする不法行為に基づく

一戸建て窓の取壊しや慰謝料（320万円）請求につき、苦痛や不安は受忍限度内であるとして請求を棄却した。

▶一戸建て ⇒ 目隠し措置、防音措置、排水パイプ撤去、屋根部分撤去－否定

⑤　東京地判平成2年2月9日判時1365号71頁

　仕事の目的物に瑕疵があることについては、請負契約の瑕疵担保責任を主張するボーリング場注文者に主張立証責任があり、不具合の主張だけでは不十分として、当該建物を解体して再建築するための解体費用1140万円の請求を否定した。

▶ボーリング場 ⇒ 解体費用－請求額(1140万円)・認容額(0円)

## 第2節　契約費用関係

### 1　手付金と違約金

> Q　不動産取引の紛争において、手付金と違約金の支払に関する裁判例の傾向を教えてください。特にどのような点がポイントになりますか。

> A　手付金に関しては、相手方が「履行の着手」があったかどうかがポイントになる。
> 　違約金に関しては、契約に違約金の定めがある場合に、相手方に債務不履行が認められるかどうかの他に違約金を超える請求が認められるかがポイントになる。

**肯定例**

　手付金については「履行の着手」後であるとして、手付解除の主張を否定した〈③東京地判 H25・9・4〉、〈⑧東京地判 H21・10・16〉、「信義則」を根拠として違約金請求額を制限した〈⑩福岡高判 H20・3・28〉、過失相殺により賠償請求を一部制限した〈⑫東京高判 H11・9・8〉、〈⑱東京地判 H3・2・28〉、違約金については「損害賠償額の予定」の推定を覆す反証がないとして違約金以外の賠償請求を否定した〈⑮東京地判 H5・12・16〉は参考になる。

　なお、錯誤無効の主張を認めた事案が4件（〈⑭東京高判 H6・7・18〉、〈⑯東京地判 H5・11・25〉、〈⑲大阪高判 H2・1・24〉、〈⑳大阪高判 H元・9・22〉）存在しており、説明不十分との理由で錯誤無効の主張を認めるケースが比較的多い点も参考になる。

① 　東京地判平成27年1月29日判例秘書L07030081
　不動産業者が売主に対し、主位的に、土地建物の売買契約が成立したにも

かかわらず売主が土地建物の引渡しをしないとして売買契約を解除するとともに1000万円の手付金の返還と約定違約金6160万円（売買代金3億800万円の20％）の支払を求め、予備的に、売主に不法行為が成立するとして同額の損害賠償請求を求めた事案につき、売買契約の成立は否定したが不法行為は認められるとして手付金1000万円相当を損害として認めた。ただし、違約金条項は契約が有効に成立したことを前提とするものであるから違約によって生じる損害は観念し得ないとした。

▶土地建物 ⇒ 手付金－請求額（1000万円）・認容額（1000万円）、違約金－請求額（6160万円）・認容額（0円）

② 東京地判平成26年9月30日判例秘書L06930591

売主が買主に対し土地の売買契約が買主の債務不履行により解除されたと主張した事案につき、買主の債務不履行を認め約定違約金1320万円の請求を認めた。なお、買主による「売主は宅地建物取引業の免許を有していないため本件違約金の請求は権利乱用として許されない」との主張に対しては、売主の登記簿には「不動産取引」が掲げられ、本件売買契約が転売によるものであるからといって直ちに売主が宅地建物取引業の無免許営業を行っていたと断じることはできないとした。

▶土地 ⇒ 違約金－請求額（1320万円）・認容額（1320万円）

③ 東京地判平成25年9月4日判例秘書L06830759

売主が買主に対し、土地の売買契約の違約金条項に基づき違約金940万円（売買代金の20％に当たる違約金1440万円から手付金として受領済みの500万円を控除した額）の支払を求めた事案につき、買主の手付解除の主張は売主の履行着手（登記手続の準備）後であるから認められないとし、違約金940万円の請求を認めた。

▶土地 ⇒ 違約金－請求額（940万円）・認容額（940万円）

④　東京地判平成 25 年 4 月 18 日判例秘書 L06830340

　　不動産の売買等を目的とする会社（売主）が買主との間で土地建物の代金を 5080 万円、手付金 100 万円、違約金 508 万円の約定で売買契約を締結したが、買主が約定の支払日に残代金の支払を怠った事案につき、売主の契約解除の主張を認め、違約金 408 万円（違約金 508 万円から受領済みの 100 万円を控除した額）の請求を認めた。

▶**土地建物** ⇒ **違約金**－請求額(408万円)・認容額(408万円)

⑤　東京地判平成 24 年 11 月 7 日判例秘書 L06730724

　　住宅ローンの借入れにより売買代金を支払うことを予定して土地建物を購入した買主が、銀行から借入れを拒絶されたことで売主から契約解除され違約金等を支払ったことについて、売買契約を媒介した不動産業者に債務不履行に基づき、銀行に不法行為に基づき、売主に支払った手付金 225 万円等の支払を求めた事案につき、銀行に対する請求は棄却したが、買主に対し必要な助言をすることを怠った不動産業者の債務不履行責任は認めた。

▶**土地建物** ⇒ **手付金**－請求額(225万円)・認容額(225万円)

⑥　東京地判平成 22 年 8 月 27 日判例秘書 L06530467

　　土地建物の買主が約定の期日までに引渡しを受けることができなかったとして、売買契約を解除し、売主である不動産業者に対し手付金（1 億円）の返還及び違約金（1 億円）の支払を求めた事案につき、不動産業者代表者の表見代理を認め、違約金と手付金の請求を認めた。

▶**土地建物** ⇒ **違約金**－請求額(1億円)・認容額(1億円)、**手付金**－請求額(1億円)・認容額(1億円)

⑦　大阪地判平成 21 年 11 月 26 日判タ 1348 号 166 頁

　　マンションの居室内で他殺が疑われる死亡事件のあったことを買主に告げなかったことが売主の契約上の告知義務違反にあたるとして違約金 280 万円の支払を命じた。

▶マンション ⇒ 違約金－請求額（280万円）・認容額（280万円）

⑧ 東京地判平成21年10月16日判タ1350号199頁
　売主が土地建物について引渡時までに担保権及び賃借権を抹消しておく特約のある売買契約において、売主による建物の賃借権消滅行為も売主の「契約の履行に着手する」にあたるとして、買主の手付解除の主張を退け、売主の債務不履行解除による違約金9億5220万円の請求を認めた。

▶土地建物 ⇒ 違約金－請求額（9億5220万円）・認容額（9億5220万円）

⑨ 東京地判平成21年3月24日判例秘書L06430134
　土地の売買契約について、売主が買主の代金支払債務不履行による契約解除を主張し違約金の支払を求めたのに対し（本訴）、買主は売主の土地引渡を怠った債務不履行による契約解除を主張し違約金（4400万円）を請求（反訴）した事案につき、買主の主張を認めて売主に対する違約金の請求を認めた。

▶土地 ⇒ 違約金－請求額（4400万円）・認容額（4400万円）

⑩ 福岡高判平成20年3月28日判時2024号32頁
　マンション一室の売買契約について、売主が買主に対し約定期日に代金を支払わなかったとして違約金528万円（違約金728万円から手付金200万円を控除した額）の支払を求めた事案につき、買主の違約金支払義務は認めたものの、認められる違約金の額は当該マンション一室が解除後1か月以内に他の物件と比較して早期に売却されていることから、売主に生じた損害は比較的軽微なものと推認されるため、買主が違約金として請求できるのは、信義則上、既に授受されている手付金200万円のほかに200万円と認めるのが相当であるとした。

▶マンション一室 ⇒ 違約金－請求額（528万円）・認容額（200万円）

⑪ **東京地判平成20年3月14日判例秘書L06332207**

　買主が残代金を支払わないとして売主が土地建物の売買契約を解除し、違約金3億350万円の支払を求めた事案につき、買主の違約金減縮の合意があったとする主張は認められないとして、違約金3億350万円の請求を認めた。

▶**土地建物 ⇒ 違約金－請求額(3億350万円)・認容額(3億350万円)**

⑫ **東京高判平成11年9月8日判時1710号110頁**

　マンションの売買につき分譲マンション販売業者である売主が、日照、通風等について正確な説明を買主に対して行わなかったことについて、売主の買主に対する債務不履行責任を認めた。ただし買主側の過失相殺を5割認めて（第一審判決を変更して）手付金の半額の賠償請求を認めた。

▶**マンション ⇒ 手付金－請求額(430万円)・認容額(215万円)**

⑬ **東京地判平成6年12月16日判タ891号139頁**

　地主から土地を借りてマンションを建築する計画が、借地人・保証人（事前求償権者）により破棄され、マンション建築計画が頓挫したという事案につき、マンション建築計画のパートナー（主債務者）から借地人（保証人）に対する損害賠償請求を認め、建築業者との請負契約を合意解約することに伴う違約金134万2000円の請求を認めた。

▶**マンション ⇒ 違約金－請求額(134万2000円)・認容額(134万2000円)**

⑭ **東京高判平成6年7月18日判時1518号19頁**

　売買の対象となった土地、一戸建て建物に関する建蔽率・容積率について誤った新聞広告がなされ、かつ契約締結時においても仲介業者から買主に対して誤った説明がなされた事案につき、買主の錯誤無効の主張が認められ、売主の買主に対する手付金500万円を含む代金（8315万7082円）の（不当利得）返還義務が認められた。

▶**一戸建て ⇒ 手付金返還－請求額(500万円)・認容額(500万円)**

⑮　東京地判平成5年12月16日判タ849号210頁

　転売目的の鉄筋コンクリート造マンション売買契約において建築基準法上の完了検査済証を交付することが予め特約として定められていたにもかかわらず交付できなかった事案につき、完了済検査証がない場合の不都合等も斟酌して買主からの解除請求を認め、違約金の定めに基づき代金の20％の支払請求を認めた。ただし、この損害賠償額の予定の推定を覆す反証がないことから、違約金以外の損害賠償請求は否定した。

▶鉄筋コンクリート造マンション ⇒ 違約金－請求額（5805万4826円）・認容額（5805万4826円）

⑯　東京地判平成5年11月25日判時1500号175頁

　マンションの売買契約で住宅ローンが実行されなかった事案において、「住宅ローンが実行されない場合には契約を解除できる」という合意の存在は否定されたが、購入資金計画について融資を受けることを前提としていたこと、売主も本来融資を受けられないケースであるが融資を得られるような説明をしていたこと、融資手続は売主が代行すると説明していたこと等から買主の錯誤無効の主張を認め、手付金を含む支払済みの売買代金の返還請求を認めた。

▶マンション ⇒ 手付金を含む売買代金の一部－請求額（750万円）・認容額（750万円）

⑰　名古屋地判平成5年6月11日判タ838号218頁

　売主の買主に対する違約金残額の請求に対して、買主が当該不動産売買契約の合意解除の際に「手付金以外の違約金を支払わない」旨の合意があることからこれを拒絶した事案につき、買主がこれを根拠として違約金残額（1725万円）の支払を拒絶することは信義則上許されないとして、買主に対し違約金の支払を命じた。

▶土地・木造一戸建て ⇒ 違約金－請求額（1725万円）・認容額（1725万円）

⑱　東京地判平成3年2月28日判時1405号60頁

　河川の拡幅対象地のため建築禁止の行政指導があるにもかかわらず、これ

を仲介業者が説明しなかった場合に売主と買主の双方の仲介業者に説明義務違反に基づく不法行為責任を認め、手付金（2150万円）のうち2割の過失相殺を認めて残額の請求を認めた。

▶土地 ⇒ 手付金－請求額(2150万円)・認容額(1720万円)－2割過失相殺

⑲　大阪高判平成2年1月24日判タ721号180頁
　建物建築目的の売買の対象の土地について、安全な建物を建築するには擁壁を根本的に補修する必要があり、このまま建築すると建物が傾斜する恐れがあり、擁壁工事に多額の費用がかかること等について誤信したことによる要素の錯誤に基づく売買契約の無効が認められるとして、手付金300万円の返還請求を認めた。

▶土地 ⇒ 手付金－請求額(300万円)・認容額(300万円)

⑳　大阪高判平成元年9月22日判タ714号187頁
　飛行場の近くの土地売買について仲介業者から高さの制限の説明がなかった事案につき、第一審における買主（不動産業者）の詐欺の主張は認められなかったが、控訴審における買主の要素の錯誤の主張を認め、かつ、重過失はないとして手付金1575万円の返還請求を認めた。

▶土地 ⇒ 手付金－請求額(1575万円)・認容額(1575万円)

㉑　東京高判平成元年8月10日金商838号14頁
　マンションの一区画を飲食店（そば屋）経営目的で購入したが、飲食店には適しない構造であることを根拠に買主が無催告解除した事案につき、第一審は上記契約目的の存在を否定したが、第2審において上記契約目的の存在を認め、必要な設備を設置すると建築基準法に違反することから約定どおりの無催告解除が認められるとして違約金の一部金120万円の請求を認めた。

▶マンション ⇒ 違約金－請求額(120万円)・認容額(120万円)

> 否定例

　違約金の定めがあっても、債務不履行が否定された場合には違約金支払義務は発生しない。

○　**東京地判平成 21 年 9 月 1 日判タ 1324 号 176 頁**

　信託受益権の売買契約（代金 91 億 3684 万 5000 円、手付金 4 億 5684 万 2250 円、違約金 18 億 2736 万 9000 円）において、売主が買主に対し契約の解除を主張し違約金 13 億 7052 万 6750 円（受領済手付金を控除した額）を請求した事案につき、代金支払日までに買主が貸付けを受けられない場合等には売買契約が失効するとの条項があり、かつ、同条項により契約が失効する蓋然性が高いときは、契約書で買主が受託者を指定するとされていても、買主はその義務を負わないとして売主の主張を否定し違約金の請求を認めなかった。

▶土地建物 ⇒ 違約金－請求額（13億7052万6750円）・認容額（0円）

## 2 売買代金

**Q** 建築紛争を含めた不動産に関する紛争において、どのような場合に売買代金の返還が認められていますか。

**A** 返還請求が認められるケースとしては錯誤無効と解除の場合が多い。
よって「契約の目的が達成できないか否か」「契約における重要な要素であるか」が判断基準として参考になる。

### 肯定例

契約の解除、錯誤無効のほかに説明義務違反による返還を命じた〈②大阪地判H21・11・26〉は参考になる。

① **札幌地判平成22年4月22日判時2083号96頁**

マンションの売買契約において、買主が耐震基準を満たしていなかったとして錯誤無効等を求めた事案につき、売主である不動産業者が補修で対応可能と主張したのに対し、小規模の修繕で補修が可能であるとしても耐震基準を満たしていないとわかっていれば購入しなかったとして錯誤無効を認め売買代金全額の返還を命じた。

▶マンション ⇒ **売買代金－請求額（最高4740万円）・認容額（最高4740万円）－原告14名**

② **大阪地判平成21年11月26日判タ1348号166頁**

マンションの居室内で他殺が疑われる死亡事件のあったことを買主に告げなかったことが売主の契約上の告知義務違反にあたるとして、売買代金2800万円の返還を命じた。

▶マンション ⇒ **売買代金－請求額（2800万円）・認容額（2800万円）**

③　東京地判平成20年9月24日判例秘書L06332412

　マンション建設用地として購入した土地に多量の廃棄物埋設や石綿等による土壌汚染が発覚したため、買主の売主に対する瑕疵担保責任による解除を認め、売買代金4億6000万円の返還請求を認めた。

▶土地 ⇒ 売買代金－請求額(4億6000万円)・認容額(4億6000万円)

④　東京地判平成20年4月8日判例秘書L06331190

　リゾートホテル一室を購入したものの、売主には売買契約と一体となっている業務委託契約の債務不履行があるとして、買主の売買契約の解除及び売買代金の一部200万円の返還請求が認められた。

▶リゾートホテル一室 ⇒ 売買代金の一部－請求額(200万円)・認容額(200万円)

⑤　神戸地判平成9年9月8日判時1652号114頁

　傾斜地に建築した鉄筋コンクリート造建物に発生した浸水現象につき、契約の目的を達成できない「隠れたる瑕疵」に該当するとして買主の契約解除の主張を認め、買主の売主に対する代金額（3億円）の返還請求を認めた。

▶鉄筋コンクリート造建物 ⇒ 売買代金－請求額(3億円)・認容額(3億円)

⑥　最判平成8年11月12日判時1585号21頁

　リゾートマンションの区分所有権の売買にスポーツクラブへの加入が義務づけられている事案において、スポーツクラブの契約解除が認められた場合にはマンションの売買契約も解除できると判断した第一審の判決を肯定し、解除できないと判断した第二審の判決を取り消して売買代金の一部2390万円の支払を売主に命じた。

▶リゾートマンション ⇒ 売買代金－請求額(2390万円)・認容額(2390万円)

⑦　東京高判平成6年7月18日判時1518号19頁

　売買の対象となった土地、一戸建て建物に関する建蔽率・容積率について

誤った新聞広告がなされ、かつ契約締結時においても仲介業者から買主に対して誤った説明がなされた事案につき、買主の錯誤無効の主張が認められ、売主の買主に対する売買代金（8315万7082円）の（不当利得）返還義務が認められた。

▶一戸建て ⇒ 売買代金－請求額(8315万7082円)・認容額(8315万7082円)

⑧　東京地判平成5年3月29日判時1466号10頁

　売主の従業員の説明内容よりも建設予定の隣接建物が高層な建物であったため、購入したマンションへの日照が阻害されることが判明した事案につき、日当たりは買主にとって重大な関心事であり、売主の説明に誤りがあったこと等を認定して、買主のマンション売買契約の錯誤無効の主張を認め、売買代金5700万円の返還を売主に命じた。

▶マンション ⇒ 売買代金－請求額(5700万円)・認容額(5700万円)

⑨　東京高判平成元年8月10日金商838号14頁

　マンションの一区画を飲食店（そば屋）経営目的で購入したが、飲食店には適しない構造であることを根拠に買主が無催告解除した事案につき、第一審は上記契約目的の存在を否定したが、第二審において上記契約目的の存在を認め、必要な設備を設置すると建築基準法に違反することから約定どおりの無催告解除が認められるとして売買代金の返還請求権1000万円の支払を売主に対して認めた。

▶マンション ⇒ 売買代金－請求額(1000万円)・認容額(1000万円)

### 否定例

　契約の解除、錯誤無効の主張が認められない場合には売買代金の返還は認められない。

① 東京地判平成20年4月7日判例秘書L06331239
　土地の買主の売主に対する、当該土地の間口が狭く車両の進入が困難であったため隣地所有者との間で隣地を使用できる旨の紳士協定の締結が前提となっていたのに協定が締結されていなかったことを理由とする錯誤無効、同紳士協定があるものと誤信させて購入させたこと等を理由とする不法行為または債務不履行に基づく損害賠償請求について、いずれも理由がないとして否定した。

▶土地 ⇒ 売買代金－請求額(4350万円)・認容額(0円)

② 東京地判平成6年3月31日判時1525号74頁
　将来代金を改定することができる旨の特約は売主と買主の間で有効であるとしても、契約締結後9年後に契約当初の代金を買主が売主に提供しても「弁済の提供」には該当せず、買主が売主の不履行を根拠として契約を解除することは信義則上できないとして、代金の返還請求を否定した。

▶土地 ⇒ 売買代金－請求額(1億円)・認容額(0円)

③ 最判平成3年4月2日判時1386号91頁
　借地権付き建物売買において、敷地部分である擁壁に建物倒壊の危険性のある場合でも、土地所有者である賃貸人が借地人に対して修繕義務を負担すべき対象である場合には、このような状況は建物売買の目的物の「隠れたる瑕疵」ではなく、敷地賃貸人の修繕義務の問題であるとして解除に基づく代金請求及び賠償請求を否定した。

▶借地権付建物 ⇒ 売買代金－請求額(650万円)・認容額(0円)

## 3 売却損・減価額

> Q 家屋等不動産の価値が否定された場合の損害についてはどのように考えればよいのですか。

> A 不法行為、債務不履行責任または瑕疵担保責任が認められる場合に「減価額」等の項目で損害が認められている。
> 　不動産価値の下落の程度が低い場合、補修等によって不動産価値の下落が認められない場合、転売目的で購入していない場合など、不動産の価値に関して損害を被ったと認められない場合には損害が否定されている。

**肯定例**

「減価額」（〈②東京地判H25・7・3〉、〈⑥東京地判H22・3・8〉）、「減価率」（〈⑨東京地判H9・7・7〉）、「価値下落」（〈⑩横浜地判H8・2・16〉）、「減価割合」（〈⑪東京地判H7・8・29〉）、「相当な価額との差額分」（〈⑬東京地判H6・7・25〉）、「売却損」（〈⑭大阪地判H5・12・9〉）、「資産価値の下落分」（〈⑮大阪地判H4・12・21〉）等の項目で損害が認められている。

① **東京地判平成25年8月21日判例秘書L06830648**

土地の売買契約後、買主が売主に対し近隣に暴力団事務所が存在していたことを理由に主位的請求として債務不履行解除等による売買代金の返還を、予備的請求として説明義務違反による不法行為に基づく損害賠償請求として暴力団事務所を前提とした価格と実際の購入価格との差額等の支払を求めた事案につき、債務不履行解除等は棄却したが、説明義務違反は認め購入代金1割（2000万円）の賠償請求を認めた。

▶土地 ⇒ 購入差額－請求額（7014万2000円）・認容額（2000万円）

② 東京地判平成 25 年 7 月 3 日判時 2213 号 59 頁

　マンション一棟の売買に関し、マンションの一室で自殺があったことについて、売主及び売主の依頼を受けた宅地建物取引業者は自殺であることを知らなかったのであるから買主に対する説明義務違反はなく、居住者の死因を確認するまでの調査義務があったとは認められないとしながら、自殺の事実はマンションの瑕疵にあたるとして、売主に対し不動産の減価額等として 600 万円の損害の支払を命じた。

▶マンション ⇒ 減価額等－請求額(1億円)・認容額(600万円)

③ 東京地判平成 25 年 3 月 29 日判例秘書 L06830291

　不動産業者が個人である売主から分譲住宅用地目的で土地を購入したところ、売主が当該土地上の自動車内で夫が自殺した事実を告知していなかったことが説明義務違反に該当する、または瑕疵担保責任を負うと主張した事案につき、宅建業者に仲介を依頼した売主の説明義務違反は否定したものの、瑕疵担保責任は負うとして、土地価格の 20％の下落分の請求を認めた。

▶土地 ⇒ 減価額－請求額(500万円、土地価格4340万円の20％の下落868万円の内金として請求)・認容額(500万円)

④ 東京地判平成 24 年 12 月 13 日判例秘書 L06730749

　マンション目的で土地を購入した買主が売主に対し当該土地には隣地建物の基礎の越境等の隠れた瑕疵があったとして、越境によりマンション建築のために使用できない土地部分の代金相当額の損害賠償請求をした事案につき、売主に対し 500 万円の支払を命じた。

▶土地 ⇒ 減価額－請求額(4606万1312円)・認容額(500万円)

⑤ 福岡高判平成 23 年 3 月 8 日判タ 1365 号 119 頁

　マンション一室が相当長期間にわたり性風俗特殊営業に使用されていたことが瑕疵にあたるとして売主に瑕疵担保責任を、この事実を説明しなかった

ことが説明義務違反にあたるとして仲介者に債務不履行責任を認め、民事訴訟法248条により買主の損害を100万円と認めた。

▶マンション一室 ⇒ 減価額－請求額(600万円)・認容額(100万円)

⑥　東京地判平成22年3月8日判例秘書L06530224
　従前3棟の建物があった土地（更地）を購入し、5棟の建物を新築して分譲しようとしたところ、従前の1棟の建物において火災による死亡者が発生していたことが瑕疵にあたるとして、売主に減価額200万円の支払を命じた。

▶土地 ⇒ 減価額－請求額(1876万円)・認容額(200万円)

⑦　鹿児島地判平成19年4月25日判時1972号126頁
　九州新幹線（鹿児島ルート）の軌道、架線及び高架橋の設置または管理上の瑕疵により日照阻害、騒音被害、地価の低下による被害を被ったとして、住民が国家賠償法2条1項に基づいて求めた損害賠償請求が認容された事例について、土地の減損額については、原告らが提出した鑑定書における減価率には疑問があるとし、本件の日照阻害及び騒音被害の状況に照らすと、本件高架橋に隣・近接するという要因による減価率は5％にとどまるものと見るのが相当であるとしてその限りにおいて減損額を損害として肯定した。

▶土地 ⇒ 土地の減損額－請求額(4800万円)・認容額(1220万円)原告7名

⑧　福岡高判平成18年3月9日判タ1223号205頁
　マンションの共有部分の瑕疵が、補修後も区分所有権の交換価値を低下されていることを理由として、売主の瑕疵担保責任が認められ、購入価格の5％を価値下落による損害として認めた。

▶マンション ⇒ マンション価値下落分－請求額(3175万4844円)・認容額(529万2474円)－購入価格の5％

⑨　東京地判平成9年7月7日判時1605号71頁

　マンションの売買契約に関して、引渡後に同一マンション内に暴力団員が専有部分を所有していることが発覚しても、錯誤無効、詐欺取消の主張は認められないが、売買契約における心理的な意味での「隠れたる瑕疵」に該当し、本来の代金の差額分を瑕疵担保責任に基づく賠償義務として売主に350万円の支払義務を認めた。

▶マンション ⇒ 売却損(眺望侵害) − 請求額(900万円)・認容額(350万円)

⑩　横浜地判平成8年2月16日判時1608号135頁

　売却したリゾートマンション(「当該マンション」という)の売主が当該マンションからの眺望を侵害するマンション(「東側マンション」という)を自ら建築した事案につき、当該マンションを建築した売主には東側マンションのような建物を建築しないという、信義則上の義務を負うとして当該マンションの買主に対する共同不法行為責任を認め、価格の下落として694万8000円の賠償義務を認めた。

▶リゾートマンション ⇒ 売却損(眺望侵害) − 請求額(799万円)・認容額(694万8000円)

⑪　東京地判平成7年8月29日判時1560号107頁

　交差点の反対側に暴力団事務所が存在することは、土地売買契約における「隠れたる瑕疵」に該当し、減価割合は2割を下らないとして売買代金の2割相当額1820万円が瑕疵担保責任に基づく損害であるとして売主の賠償義務を認めた。

▶土地 ⇒ 売却損 − 請求額(6910万2945円)・認容額(1820万円)

⑫　東京地判平成6年9月21日判時1538号198頁

　不動産業者である売主が買主に対して誤った情報を提供して不当に高額でマンションを売却した事案につき、不動産売買の仲介ではなく売主の立場に立つとしても当該不動産を買い受けるか否かにつき的確な判断ができる情報

を提供する義務があるところ、売主はこれを怠ったとして、転売価格との差額分（1500万円）の賠償請求を債務不履行責任として認めた。

▶マンション ⇒ 売却損－請求額(1500万円)・認容額(1500万円)

⑬ 東京地判平成6年7月25日判時1533号64頁

　土地の売買契約につき、建築基準法上の接道義務を満たしていなかったことについて、本来の価格との差額分として請求額1億6000万円のうち9000万円の請求を認めた。

▶土地 ⇒ 相当な価格との差額分－請求額(1億6000万円)・認容額(9000万円)
－不当な価格と売価との差80％

⑭ 大阪地判平成5年12月9日判時1507号151頁

　眺望を売り物にしてマンションを分譲した売主が、この眺望を侵害するマンションが隣接地に建設されることを知りつつ売却した場合は買主に対する不法行為であるとして、眺望侵害された買主からの賠償請求を一部認め、財産的損害（売却損）として最高250万円と弁護士費用の一部を認めた。

▶マンション ⇒ 売却損－請求額(売買代金の2割)・認容額(6万円～250万円)－原告21名

⑮ 大阪地判平成4年12月21日判時1453号146頁

　別荘地（木曽駒高原）に高層リゾートマンション10階建てを建築されたことによって、自己所有別荘からの眺望が侵害されたことにつき、眺望の利益は法的保護に値するとして資産価値の下落分として請求額1050万円のうち237万4800円の請求を認めた。

▶高層リゾートマンション ⇒ 資産価値の下落分－請求額(1050万円)・認容額(237万4800円)

**否定例**

　既に修理がされているとして損害を認めなかった〈①東京地判H25・3・

11〉、防火戸が作動したことによっても「資産価値の下落の程度にまで変動をきたすものではない」〈③東京高判 H18・8・30〉、「補修後の建物の価値の下落については根拠はない」〈④東京地判 H18・7・24〉、〈⑮福岡地判 H3・12・26〉、「補修前後において価値の減価は認められない」〈⑤東京地判 H15・12・15〉、立証不十分として否定される〈⑧大阪地判 H10・4・16〉、〈⑫東京高判 H6・2・24〉、〈⑬東京地判 H6・1・24 等〉がある。また、転売目的で購入したものでないことを根拠にした〈⑥東京高判 H12・10・26〉、眺望侵害関して受忍限度論を基準として売却損を否定した〈⑦大阪高判 H10・11・6〉、プライバシー侵害に関して慰謝料は認めたもののマンションの価値の下落分は否定した〈⑧大阪地判 H10・4・16〉は参考になる。

### ① 東京地判平成 25 年 3 月 11 日判例秘書 L06830310

　上階のバルコニーのアルミ手摺の縦格子がルーフバルコニーに落下ないし落下のおそれがあるとして買主が売主に対して瑕疵担保責任を追及し、瑕疵によって建物の適正価格は 1 億 2300 万円から 1 割減額した 1 億 1070 万円になったとして、この減価分を損害として請求した事案につき、瑕疵担保責任は認めたものの、瑕疵が売買の約 7 か月後に応急措置により修補されたと認められることに照らせば、瑕疵により売買代金額の 1 割に相当する損害が発生したものと認めることはできないというべきであるとして請求を否定した。

▶マンション ⇒ 瑕疵による価値の下落分－請求額（1230万円）・認容額（0円）

### ② 東京地判平成 24 年 8 月 7 日判時 2168 号 86 頁

　国定公園内の土地の開発事業につき、環境生活部自然保護課の担当者から当該土地の自然公園法上の規制に関する誤った違法な行政指導を受けたため、得べかりし利益を失ったとして、国家賠償請求訴訟を提起した事案につき、得べかりし利益はないとして否定した。

▶土地 ⇒ 得べかりし利益－請求額（1億6584万円）・認容額（0円）

③ 東京高判平成18年8月30日金商1251号13頁

　マンションの売買において防火戸の電源スイッチが切られて作動しない状態で引き渡されたことにつき売買の目的物に隠れた瑕疵があったとされた事例につき、当該瑕疵によりマンション価値が下落したとの主張について、本件火災のような規模の火災が発生した場合は、それが防火区画外に延焼したか否かにかかわらず『瑕疵物件』としてその価値が大きく下落するものといえるから、本件防火戸が作動したことによって上記のような原状回復費用の変化があるとしても、資産価値の下落の程度にまで変動を来すものということはできないとして、請求を否定した。

▶マンション ⇒ 瑕疵による価値の下落分－請求額(9250万円)・認容額(0円)

④ 東京地判平成18年7月24日判例秘書L06132898

　購入建物が建築確認申請図面と異なり、十分な強度がないとして、瑕疵担保責任ないし不法行為に基づく損害賠償請求を認めたものの、補修後の建物の価値の下落については根拠がないとして賠償請求を否定した。

▶木造一戸建て ⇒ 補修後の建物の価値下落分－請求額(1000万円)・認容額(0円)

⑤ 東京地判平成15年12月15日判例秘書L05835187

　マンションの購入者が、販売業者に対し、主位的に売買契約の解除に伴う原状回復として、売買代金額相当額等の返還を、予備的に売主の債務不履行責任または瑕疵担保責任に基づき、マンションの価値の下落分を含む損害賠償等を請求した事案につき、瑕疵はその後の補修工事によって治癒されているのであって、補修の前後において価値の減価は認められないとして損害賠償を否定した。

▶鉄筋コンクリートマンション ⇒ マンション価値下落分－請求額(2448万円)・認容額(0円)

⑥ 東京高判平成12年10月26日判時1739号53頁

　がけ地を含む土地マンションの売買につき、不動産仲介業者が関係法令に

基づく規制があること、利用が大幅に制限され、多額の擁壁工事費用が生じることも説明しなかった場合には、仲介業者には仲介契約に基づく債務不履行責任が発生すると認めたが、転売差損や売却代金運用益については、買主は転売目的で購入したのではないことを根拠に否定した。

▶土地 ⇒ 転売差損－請求額(5402万円)・認容額(0円)

⑦　大阪高判平成10年11月6日判時1723号57頁

　眺望侵害等を根拠とする建築主に対する賠償請求を認めた地裁（第一審）の判断について、受忍限度を超える損害があるとの立証がないとして否定し、第一審原告の請求をすべて否定した。

▶木造一戸建て ⇒ 売却損－請求額(700万円)・認容額(0円)

⑧　大阪地判平成10年4月16日判時1718号76頁

　マンションの建築主に対して眺望侵害、プライバシー侵害等を根拠とする賠償請求のうち慰謝料請求の一部（120万円）を認めたが、価格の下落分の請求を否定した。

▶木造一戸建て ⇒ 売却損－請求額(700万円)・認容額(0円)

⑨　東京地判平成8年2月5日判タ907号188頁

　マンション分譲後売れ残ったマンションを分譲業者が値引きして販売した事案につき、値引き前に購入した買主から分譲業者に対する債務不履行責任または不法行為責任に基づく損害賠償請求が否定された。

▶マンション ⇒ 売却損－請求額(400万円)・認容額(0円)

⑩　長野地上田支判平成7年7月6日判時1569号98頁

　眺望を宣伝して分譲された別荘地において、後から建物を建築して眺望侵害をしたことを根拠とする隣地別荘所有者への不法行為に基づく賠償請求が否定された。

▶別荘 ⇒ 売却損－請求額(550万円)・認容額(0円)

⑪　東京地判平成6年5月9日判時1527号116頁
　鉄骨鉄筋コンクリートマンションの上階所有者が木質フローリング床に変更したことによって生じた騒音について下階の所有者の不法行為に基づく損害賠償請求としての慰謝料請求とマンションの価値の減価分の賠償請求を否定した。

▶鉄骨鉄筋コンクリート造マンション ⇒ マンションの価値下落分－請求額(345万円)・認容額(0円)

⑫　東京高判平成6年2月24日判タ859号203頁
　新築マンションの売買につき、分譲業者兼販売業者と買主との間に「瑕疵のない建物を引き渡す合意」が存在したことを認定し、本件建物に湿気や異臭が強いという瑕疵があることから売主たる分譲業者兼販売業者は買主に対して債務不履行責任を負うとするも、売却差損1800万円については根拠不十分として否定した。

▶マンション ⇒ 売却差損－請求額(1800万円)・認容額(0円)

⑬　東京地判平成6年1月24日判時1517号66頁
　建築確認通知書が発行された後に売主がリゾートマンションを建築して土地付で買主に譲渡する旨の契約を締結する等の協定を結んだにもかかわらず買主が契約締結を拒否した場合には、信義則違反として買主は売主に対して建物建築のために売主が設計計画費として支払った費用（2720万円）の賠償義務を負うが、土地売却損については根拠がないとして否定した。ただし、設計計画費については売主にも建築確認の手続が遅れたことの過失があることを根拠に2割の過失相殺を認めた。

▶リゾートマンション ⇒ 土地売却損－請求額(9945万円)・認容額(0円)

⑭　東京地判平成5年4月26日判タ827号191頁

　売主が鉄筋コンクリート造マンションの一部を売却した後、売主が未分譲分を値下げして分譲したこと等が影響し、以前に購入した者のマンションの資産価値が下落したことを根拠とする買主から売主たる分譲業者に対する損害賠償請求を否定した。

▶鉄筋コンクリート造マンション ⇒ 売却損－請求額(3100万円)・認容額(0円)

⑮　福岡地判平成3年12月26日判時1411号101頁

　新築鉄筋造マンションの買主が、遮音性が不十分であることを根拠に、売主に対して①債務不履行に基づく財産的損害、②不法行為に基づく慰謝料請求をした事案につき、①については債務不履行責任を認め、②については慰謝料として最高25万円の請求を認めたが、①につき価格の下落額を根拠付ける証拠はないものとして価格の下落分の請求を否定した。

▶鉄筋造マンション ⇒ 価格の下落分－請求額(100万円)・認容額(0円)－原告3名

⑯　東京地判平成3年8月27日判時1428号100頁

　住宅専用地域内の違反一戸建て建築物の日照侵害の程度は受忍限度を超えているとして、建物交換価値の低下分1920万円及び慰謝料1500万円の請求のうち、慰謝料についてのみ150万円賠償義務を違反建物所有者に認め、是正措置を行使しなかった区の賠償義務は否定した。

▶一戸建て ⇒ 建物交換価値の低下分－請求額(1920万円)・認容額(0円)

⑰　名古屋地判平成3年1月23日金商877号32頁

　不動産仲介者が、更地として転売する目的で土地付建物を購入した事案につき、「建物がその隣の建物と壁を共用する状態であること」は売買契約における隠れたる瑕疵には該当しないとして売主の瑕疵担保責任を否定し、買主から売主に対する転売利益金4億4208万円の請求を否定した。

▶土地付建物 ⇒ 売却損－請求額(4億4208万円)・認容額(0円)

⑱　東京地判平成 2 年 6 月 26 日判タ 743 号 190 頁
　鉄筋コンクリート造リゾートマンションの区分所有者が、購入後にマンションの眺望侵害を根拠に売主に対して分譲契約の錯誤・詐欺を根拠とする無効主張及び不法行為に基づく賠償請求をしたがすべて否定された。

▶鉄筋コンクリート造リゾートマンション ⇒ 売却損－請求額(最高1800万円)・認容額(0円)－原告19名

### 4 仲介手数料

**Q** ①買主（借主）が負担した仲介手数料が損害として認められるのはどのような場合ですか。また、②仲介業者による仲介手数料の請求が認められるのはどのような場合ですか。

**A** ①については、売主（貸主）及び仲介業者に違法行為があれば仲介手数料相当額の損害賠償義務が認められている。なお、損害賠償については、請求者側の過失を考慮して減額されることがある。

②については、買主や売主に仲介業者を排除して売買契約を締結するなど社会的相当性を欠くような行為が認められる場合に、不法行為に基づく損害賠償請求が認められる余地がある。また、契約が成立したものの最終的に履行されなかった場合には、あらかじめ定められた仲介手数料を基準に一定割合減額された金額の請求が認められることがある。

### 肯定例

仲介業者の違法行為を認めているものとしては説明義務違反（〈①神戸地尼崎支判 H25・10・28〉、〈②東京地判 H25・8・21〉、〈③大阪地判 H20・5・20〉、〈⑨東京高判 H12・10・26〉、〈⑩東京地判 H10・5・13〉）が多くみられる。損害について購入代金の1割とした〈②東京地判 H25・8・21〉、買主側の仲介業者の過失を「被害者側の過失」として斟酌すべきであるとして損害額の2割を過失相殺した〈⑦大阪地判 H20・5・20〉、（賃貸借の事例において）借主も支障となる事情を知っていたとして損害額の5割を過失相殺した〈⑧東京地判 H20・3・13〉は参考になる。なお、代替建物のための仲介手数料を認めた〈⑤福岡地判 H23・3・24〉と〈④東京地判 H23・3・30〉は、

瑕疵による損害として参考になる。

仲介手数料の請求については「取引の目的が達成された場合を想定してその金額が定められている」と認定し、契約が成立したが最終的に履行されなかった場合について手数料の8割の限度で手数料請求を認めた〈⑥東京地判H21・12・26〉が参考になる。

① 神戸地尼崎支判平成25年10月28日判例秘書L06850609

マンション賃貸借契約において、家主が借主に居室内で自殺があったことを告げずに契約したことは説明義務違反であるとして、仲介手数料（2万1000円）等の損害賠償請求を認めた。

▶マンション ⇒ 仲介手数料－請求額(2万1000円)・認容額(2万1000円)

② 東京地判平成25年8月21日判例秘書L06830648

土地の売買契約後、近隣に暴力団事務所が存在していたことを理由に主位的請求として債務不履行解除等による売買代金の返還を、予備的請求として説明義務違反による不法行為に基づく損害賠償請求として暴力団事務所を前提とした価格と実際の購入価格との差額等の支払を求めた事案につき、債務不履行解除等は棄却したが説明義務違反は認め、購入代金1割の賠償請求及び購入代金1割減を前提とした仲介手数料の差額の賠償を認めた。

▶土地 ⇒ 仲介手数料－請求額(214万円または126万円)・認容額(63万円)

③ 東京地判平成23年10月12日判例秘書L06630575

宅地建物取引業者の媒介により有効に成立した土地建物の売却及び別の土地建物の購入に関する売買契約が依頼者の債務不履行により解除されたとして、専任媒介契約に基づく約定の報酬の支払及び一般媒介契約に基づく仲介業務手数料の支払請求を認めた。

▶土地建物 ⇒ 仲介手数料－請求額(140万2300円)・認容額(140万2300円)

④ 東京地判平成 23 年 3 月 30 日判タ 1365 号 150 頁

　分譲マンションの構造計算書が偽装され耐震強度が不足していた事案につき、構造設計を担当した元一級建築士の不法行為責任を認め、仮住まいに移転する際の仲介手数料等を損害として認めた。

▶ **マンション ⇒ 仮住まい移転の仲介手数料－請求額(不明)・認容額(不明)－原告 51 名**

⑤ 福岡地判平成 23 年 3 月 24 日判時 2119 号 86 頁

　マンションの構造計算を行った建築士に構造計算の誤りがあったことに関する不法行為責任を認め、補修工事に伴う代替住居移転のための仲介手数料等を損害として認めた。

▶ **マンション ⇒ 代替住居移転の仲介手数料－請求額(483万円＝一戸1万1150円×42戸)・認容額(483万円＝一戸1万1150円×42戸)**

⑥ 東京地判平成 21 年 12 月 26 日判例秘書 L06430093

　土地売買契約が合意解約された場合の仲介業者の買主に対する仲介手数料請求につき、仲介手数料請求権は売買契約の成立によって発生するのが原則であるが、取引の目的が達成された場合を想定してその金額が定められているものであるから、売買契約が最終的に履行されなかった場合等には一定の減額対象になるものとして、約定手数料（663 万円）8 割にあたる金額（530 万 4000 円）の限度で仲介手数料請求を認めた。

▶ **土地 ⇒ 仲介手数料－請求額(663万円)・認容額(530万4000円)**

⑦ 大阪地判平成 20 年 5 月 20 日判タ 1291 号 279 頁

　居住目的の土地建物の売買契約において売主を仲介する仲介業者は、建物の物理的瑕疵によって居住目的が実現できない可能性があるとの情報を認識している場合には買主に対し積極的にその情報を告知すべきであり、これを怠った仲介業者には不法行為責任が認められるとして取得した仲介手数料等の支払を命じた。なお、買主から仲介の委託を受けていた会社の過失は被害

者側の過失として斟酌すべきである等として公平の見地から損益相殺後の損害額の2割を過失相殺した。

▶土地建物 ⇒ 仲介手数料－請求額(56万7000円)・認容額(不明)

⑧　東京地判平成20年3月13日判例秘書L06331817
　　工場使用目的で建物の賃貸借契約を締結したものの、同建物が建築基準法に照らし工場として使用できないことが判明した事案につき、借主の仲介業者に対する債務不履行による損害賠償請求を認めたが、借主も同建物が第一種低層住居専用地域に存在することは知っていたとして、損害額の5割を過失相殺した。

▶建物 ⇒ 仲介手数料－請求額(55万2720円)・認容額(27万6360円)

⑨　東京高判平成12年10月26日判時1739号53頁
　　がけ地を含む土地の売買につき、不動産仲介業者が買主に対して関係法令に基づく規制があること、利用が大幅に制限され、多額の擁壁工事費用が生じることも説明しなかった場合には、仲介業者には仲介契約に基づく債務不履行責任が発生すると認め、買主への仲介手数料分（370万8000円）の支払義務を認めた。

▶土地 ⇒ 仲介手数料－請求額(370万8000円)・認容額(370万8000円)

⑩　東京地判平成10年5月13日判時1666号85頁
　　売買の対象となった建物に瑕疵が存在したことにつき、仲介業者以外に仲介的役割を果たした銀行や税理士の告知義務違反に基づく買主に対する不法行為責任を認めて、買主の仲介業者に対する仲介手数料相当額の賠償請求ほかを認容した。

▶雑居ビル ⇒ 仲介手数料－請求額(700万円)・認容額(700万円)

⑪ 東京地判平成6年9月1日判時1533号60頁
　仲介業者の報酬請求に対して、買主は重要事項説明義務違反があり、これが原因で売買契約は解除されたので支払義務はないと主張したが、仲介業者の請求を認めて買主に対して305万9100円の仲介業者への支払義務を認めた。

▶土地 ⇒ 仲介報酬－請求額(305万9100円)・認容額(305万9100円)

⑫ 東京高判平成6年7月19日金商964号38頁
　複数の仲介業者の仲介により成立した不動産売買契約が、売買契約の当事者の債務不履行が原因で解除された場合、各仲介業者は法定された範囲内で報酬の支払請求ができるとして仲介業者の売主に対する仲介手数料4600万円の請求を認めた。

▶不動産 ⇒ 仲介手数料－請求額(4600万円)・認容額(4600万円)

⑬ 東京高判平成6年7月18日判時1518号19頁
　売買の対象となった土地、一戸建て建物に関する建蔽率・容積率について誤った新聞広告がなされ、かつ契約締結時においても仲介業者から買主に対して誤った説明がなされた事案につき、買主の錯誤無効の主張が認められ、売主の買主に対する売買代金、固定資産税分担金及び駐車料金分担金相当額の（不当利得）返還義務が認められ、かつ、仲介業者に対して不法行為に基づく損害賠償義務として仲介手数料（262万6500円）の支払義務が認められた。

▶一戸建て ⇒ 仲介手数料－請求額(262万6500円)・認容額(262万6500円)

**否定例**

　違約金の定めを根拠として損害賠償請求を否定した〈⑥東京地判H5・12・16〉がある。仲介業者による報酬金請求につき、仲介業者の報酬の期待を侵害する不法行為とは「売買契約が成立することが確実で、買主がこと

さら仲介業者を排除して売買契約を締結する等、買主らの行為が社会的相当性を欠くような場合に限られる」として仲介手数料の請求を否定した〈①東京地判 H26・5・22〉、並びに宅建業法の免許を持たない者の裁判上の請求権は否定されるとした〈⑤東京地判 H5・12・27〉は参考になる

#### ①　東京地判平成 26 年 5 月 22 日判例秘書 L06930407

　本件土地の売買仲介業務を行っていた不動産業者 A が本件土地を売主から購入した買主及び当該売買契約を仲介した不動産業者 B（以下「買主ら」という）に対し、買主らが不動産業者 A を排除して当該売買契約を締結した不法行為があるとして仲介手数料相当額 2706 万円の支払を求めたのに対し、買主らの行為が不動産業者 A の媒介報酬の期待を侵害するものとして不法行為となるのは、不動産業者 A の仲介により売買契約が成立することが確実で、買主らがことさら不動産業者 A を排除して売買契約を締結するなど買主らの行為が社会的相当性を欠くような場合に限られるとして請求を否定した。

▶**土地 ⇒ 仲介料－請求額（2706万円）・認容額（0円）**

#### ②　東京地判平成 26 年 4 月 28 日判例秘書 L06930345

　土地を購入した買主が仲介業者に対し、近隣に暴力団関係団体事務所のビルがあることの調査説明義務に違反したとして、債務不履行または不法行為に基づく損害賠償請求として仲介手数料（636 万 3000 円）等の支払を求めた事案につき、当該ビルに関する事情は重要事項に該当するが、仲介業者が説明義務を負うのは当該ビルに暴力団関係団体事務所が存在すると認識していた場合であるとして請求を否定した。

▶**土地 ⇒ 仲介料－請求額（636万3000円）・認容額（0円）**

#### ③　東京地判平成 24 年 2 月 8 日判タ 1388 号 216 頁

　特別地方公共団体が都市計画の情報提供のために作成した図面に高度地区表記の誤りがあったため、その表記を前提にマンション建築事業を計画し土

地を購入した後に、同図面の誤りが判明したため同事業を断念した不動産業者の国家賠償請求を認めたが、表記が誤りであることを知っていれば土地を購入しなかったとはいえないこと、マンション建築を断念して同土地を売却したわけではないことから仲介料（388万811円）の損害賠償請求は因果関係がないとして否定した。

▶土地 ⇒ 仲介料－請求額（388万811円）・認容額（0円）

④ 横浜地判平成10年2月25日判時1642号117頁

建物賃借人が化学物質過敏症に罹患したとして賃借建物に新建材を使用したことは債務不履行にあたり、賃貸人の賃料等の損害賠償をした事案につき、賃貸人は化学物質過敏症の発症を予見し、対応することは期待不可能であるから過失はないとして請求を否定した。

▶賃借建物 ⇒ 仲介料－請求額（21万6300円）・認容額（0円）

⑤ 東京地判平成5年12月27日判時1505号88頁

宅建業法上の免許を持たない者は、仲介契約に基づく報酬請求裁判において報酬請求権を行使することができないとして仲介した者の契約当事者に対する1099万円の報酬請求を否定した。

▶不動産 ⇒ 仲介手数料－請求額（1099万円）・認容額（0円）

⑥ 東京地判平成5年12月16日判タ849号210頁

転売目的の鉄筋コンクリート造マンション売買契約において建築基準法上の完了検査済証を交付することが予め特約として定められていたにもかかわらず交付できなかった事案につき、完了済検査証がない場合の不都合等も斟酌して買主からの解除請求を認めたが、違約金の定め（代金の20％）があり、この損害賠償額の予定の推定を覆す反証がないことから違約金以外の仲介手数料などの損害賠償請求は否定した。

▶鉄筋コンクリート造マンション ⇒ 仲介手数料－請求額（1749万3333円）・認容額（0円）

⑦ 東京地判平成 4 年 7 月 23 日金商 932 号 33 頁

　宅建業法の免許を持たない者は、不動産売買の仲介契約をしても裁判上報酬を請求することはできないとして、仲介した者から買主に対する報酬請求（1億円）を否定した。

▶土地 ⇒ 仲介料－請求額（1億円）・認容額（0円）

⑧ 東京地判平成元年 7 月 28 日判時 1354 号 111 頁

　国土利用計画法適用対象不動産であるために県知事による不勧告通知等があるまでは契約及び予約を締結できない土地の売買において、県知事の許可を得られた時は速やかに売主と買主が契約締結するなどを内容とする特約を結んだが、買主の期限の延長の申入れを売主が拒否したことによって合意が失効したため契約に至らなかった事案につき、仲介業者の買主に対する2940 万円の報酬請求を否定した。

▶土地 ⇒ 不動産仲介料－請求額（2940万円）・認容額（0円）

## 5 競売代金

**Q** 競売手続に不備があった場合、競売代金の支払を認めてもらうことはできるのでしょうか。

**A** 国家賠償請求は認めたが、損害金は最低競売価格の範囲であると判断された事例（ 肯定例 ）がある。なお、国家賠償請求は、民事執行法上の救済手続に基づく権利行使をしていなくても認められる。
　また、敷地利用権のない建物が競落されても国家賠償請求権が否定されたことは参考になる（ 否定例 ）。

### 肯定例

国家賠償請求が認められるとしても、損害については、最低競売価格に限定されている。

○ **札幌地判平成6年3月3日判時1525号139頁**
　執行官及び評価人の調査の誤りによって損害を被ったと主張する買受人が、執行法上の救済手段を取らなかったとしても、国家賠償請求権を行使することに問題はないとし、損害としては競売代金として納付した280万円のうち最低売却価格196万円に限定して因果関係があるとされた。

▶ **土地 ⇒ 競落代金－請求額(280万円)・認容額(196万円)**

### 否定例

登記官、執行官に過失が認められない場合には国家賠償請求が否定されている。

## ○ 那覇地判平成7年6月28日判タ888号176頁

登記簿謄本及び現況調査報告書に誤った記載があったため、敷地利用権のない建物が競落された事案につき、登記官及び執行官には過失が認められないとして、競落人からの競売代金と土地の時価の差額分768万1350円の国家賠償請求が否定された。

▶**土地、建物 ⇒ 競売代金－請求額(768万1350円)・認容額(0円)**

## 6 登記・税金・保険関係(1)――司法書士費用

> **Q** 不動産に関する紛争において、司法書士費用は損害に含まれるのでしょうか。

> **A** 土地並びに建物に関する債務不履行責任、不法行為責任における損害には司法書士費用も含まれる。

#### 肯定例

損害として司法書士に支払った金額のうち、因果関係の認められる範囲については損害として認められている。

○ **東京地判平成6年12月16日判タ891号139頁**

地主から土地を借りてマンションを建築する計画が、借地人・保証人（事前求償権者）により破棄され、マンション建築計画が頓挫したという事案につき、マンション建築計画のパートナー（主債務者）から借地人（保証人）に対する損害賠償請求を認め、マンション建築計画遂行のために支払った司法書士費用として請求額80万7580円のうち因果関係の認められる範囲として22万9760円を認めた。

▶マンション ⇒ 司法書士費用－請求額(80万7580円)・認容額(22万9760円)

#### 否定例

損害賠償請求が否定される場合には、司法書士費用の請求も認められない。

○ **東京地判平成26年4月28日判例秘書L06930345**

土地を購入した買主が仲介業者に対し、近隣に暴力団関係団体事務所のビ

ルがあることの調査説明義務に違反したとして、債務不履行または不法行為に基づく損害賠償請求として司法書士費用（6万3382円）等の支払を求めた事案につき、当該ビルに関する事情は重要事項に該当するが、仲介業者が説明義務を負うのは当該ビルに暴力団関係団体事務所が存在すると認識していた場合であるとして請求を否定した。

▶**土地 ⇒ 司法書士費用－請求額(6万3382円)・認容額(0円)**

## 7 登記・税金・保険関係(2)——登記費用

**Q** 支払済登記費用が損害に含まれる場合はどのような場合でしょうか。

**A** 契約の効力が否定された場合、債務不履行責任または不法行為責任が認められた場合には登記費用も損害として認められることがある。

> 肯定例

　売主、仲介業者のほか指定確認検査機関に対する損害賠償請求において建替建物の登記費用を認めた〈①横浜地判H24・1・31〉、注文者の請負人に対する損害賠償請求において建替する建物の登記費用を認めた〈④神戸姫路支判H7・1・30〉、売主の買主に対する損害賠償請求において認めた〈⑦東京地判H5・3・24〉がある。

① **横浜地判平成24年1月31日判タ1389号155頁・判時2146号91頁**
　マンションの耐震強度が不足していた事案につき、建築確認を行った指定確認検査機関に対する損害賠償請求権を肯定し、建替建物の登記費用を損害として認めた。

▶**マンション ⇒ 登記費用－請求額(不明)・認容額(不明)**

② **大阪地判平成20年5月20日判タ1291号279頁**
　居住目的の土地建物の売買契約において売主を仲介する仲介業者は、建物の物理的瑕疵によって居住目的が実現できない可能性があるとの情報を認識している場合には買主に対し積極的にその情報を告知すべきであり、これを怠った仲介業者には不法行為責任が認められるとして登記関係費用等の支払

を命じた。なお、買主から仲介の委託を受けていた会社の過失は被害者側の過失として斟酌すべきである等として公平の見地から損益相殺後の損害額の2割を過失相殺した。

▶土地建物 ⇒ 登記関係費用－請求額(34万3200円)・認容額(不明)

③　東京地判平成10年5月13日判時1666号85頁
　売買の対象となった建物に瑕疵が存在したことにつき、仲介業者以外に仲介的役割を果たした銀行や税理士の告知義務違反に基づく買主に対する不法行為責任を認め、登記費用相当額の賠償義務を連帯して認めた。

▶雑居ビル ⇒ 登記費用－請求額(1000万円)・認容額(1000万円)

④　神戸地姫路支判平成7年1月30日判時1531号92頁
　建築請負契約における請負人からの残代金（本訴）請求に対して、注文者が請負人の従業員である建築士の過失による鉄骨造マンションの瑕疵の存在を主張して、請負人の使用者責任として建替と同様の補修費用等の反訴請求を行った事案につき、瑕疵の存在を認め、注文者からの損害賠償請求の内容として登記費用と不動産取得税相当額の合計97万4080円ほかの請求を認めた。

▶鉄骨造マンション ⇒ 登記費用・不動産取得税相当額－請求額(97万4080円)・認容額(97万4080円)

⑤　東京地判平成6年12月16日判タ891号139頁
　地主から土地を借りてマンションを建築する計画が、借地人・保証人（事前求償権者）により破棄され、マンション建築計画が頓挫したという事案につき、マンション建築計画のパートナー（主債務者）から借地人（保証人）に対する損害賠償請求を認め、マンション建築計画遂行のために支払った登記費用10万円の請求を認めた。

▶マンション ⇒ 登記費用－請求額(10万円)・認容額(10万円)

⑥ 東京高判平成6年7月18日判時1518号19頁

売買の対象となった土地、一戸建て建物に関する建蔽率・容積率について誤った新聞広告がなされ、かつ契約締結時においても仲介業者から買主に対して誤った説明がなされた事案につき、買主の錯誤無効の主張が認められ、買主の売主に対する登記手続費用（87万50円）の（不当利得）返還請求が認められた。

▶一戸建て ⇒ 登記手続費用－請求額(87万50円)・認容額(87万50円)

⑦ 東京地判平成5年3月24日判時1489号127頁

土地建物の売買契約の後、大量のカビの発生により地下室が使用できなくなり、壁の一部が崩壊するなどした事案につき、売主の買主に対する不法行為責任を認め、登記費用としての22万5250円ほかの賠償請求を認めた。

▶木造一戸建て(地下室) ⇒ 登記費用－請求額(22万5250円)・認容額(22万5250円)

**否定例**

土地及び建物についての売買契約に関連する債務不履行責任・不法行為責任が発生する場合でも「土地を保有していることによって生じた負担」であるとして損害を認めなかった〈②東京高判H12・10・26〉及び借地権付建物売買において擁壁の瑕疵を敷地賃貸人の修繕の問題であるとして解除を否定した〈④最判H3・4・2〉は参考になる

① 東京地判平成24年2月8日判タ1388号216頁

特別地方公共団体が都市計画の情報提供のために作成した図面に高度地区表記の誤りがあったため、その表記を前提にマンション建築事業を計画し土地を購入した後に、同図面の誤りが判明したため同事業を断念した不動産業者の国家賠償請求を認めたが、表記が誤りであることを知っていれば土地を購入しなかったとはいえないこと、マンション建築を断念して同土地を売却

したわけではないことから登記費用（44万1140円）の損害は因果関係がないとして否定した。

▶土地 ⇒ 登記費用－請求額(44万1140円)・認容額(0円)

② 東京高判平成12年10月26日判時1739号53頁
　がけ地を含む土地の売買につき、不動産仲介業者が買主に対して関係法令に基づく規制があること、利用が大幅に制限され、多額の擁壁工事費用が生じることも説明しなかった場合には、仲介業者の賠償責任を認めるも、登記手続費用（69万7400円）については本件土地を保有していたことによって生じた負担であり、仲介業者の債務不履行に基づく損害とはいえないとして否定した。

▶土地 ⇒ 登記手続費用－請求額(69万7400円)・認容額(0円)

③ 東京地判平成7年8月29日判時1560号107頁
　交差点の反対側に暴力団事務所が存在することは、土地売買契約における「隠れたる瑕疵」に該当し、減価割合は2割を下らないとして売買代金の2割相当額を瑕疵担保責任に基づく賠償請求として売主に対して認めたが、登記手続費用については損害として否定した。

▶土地 ⇒ 登記手続費用－請求額(105万3800円)・認容額(0円)

④ 最判平成3年4月2日判時1386号91頁
　借地権付き建物売買において、敷地部分である擁壁に建物倒壊の危険性のある場合でも、土地所有者である賃貸人が借地人に対して修繕義務を負担すべき対象である場合には、このような状況は建物売買の目的物の「隠れたる瑕疵」ではなく、敷地賃貸人の修繕義務の問題であるとして解除に基づく代金請求及び登記費用の賠償請求を否定した。

▶借地権付建物 ⇒ 代金請求・登記費用－請求額(不明)・認容額(0円)

⑤ **東京地判平成2年2月9日判時1365号71頁**

　仕事の目的物に瑕疵があることについては、請負契約の瑕疵担保責任を主張するボーリング場注文者に主張立証責任があり、不具合の主張だけでは不十分として、建物を再建築した場合の登記手続費用200万円の賠償請求を否定した。

▶**ボーリング場 ⇒ 登記手続費用－請求額(200万円)・認容額(0円)**

## 8 登記・税金・保険関係(3)―税金

**Q** 補修費用を請求する場合に、補修費用にかかる消費税も損害金に含まれるのでしょうか。また、錯誤無効が認められた場合、固定資産税相当額等は損害として認められるのでしょうか。

**A** 修補費用の損害賠償請求が認められる場合、消費税分も損害金に含まれる。契約の効力が否定された場合、既に支払っている固定資産税相当額等は損害として認められる。ただし、事案により固定資産税の負担は因果関係がないことを理由に損害として認められないことがある。

その他、暴力団関係団体事務所が存在することに関して仲介業者の説明義務違反が認められるのはあくまで仲介業者が暴力団関係段事務所の「存在を認識していた場合」とする 否定例 〈①東京地判H26・4・28〉は説明義務の範囲として参考となる。

肯定例

土地付建物の売買において損害額を「売買代金の範囲内」と限定した〈③千葉地松戸支判H6・8・25〉、違約金（損害賠償額の予定）の範囲の損害を認めた〈⑤東京地判H5・12・16〉は損害の認定について参考となる。

① **大阪地判平成20年5月20日判タ1291号279頁**

居住目的の土地建物の売買契約において売主を仲介する仲介業者は、建物の物理的瑕疵によって居住目的が実現できない可能性があるとの情報を認識している場合には買主に対し積極的にその情報を告知すべきであり、これを怠った仲介業者には不法行為責任が認められるとして固定資産税・都市計画税、不動産取得税等の支払を命じた。なお、買主から仲介の委託を受けてい

た会社の過失は被害者側の過失として斟酌すべきである等として公平の見地から損益相殺後の損害額の２割を過失相殺した。

▶土地建物 ⇒ 固定資産税・都市計画税－請求額(8万5165円)・認容額(不明)、不動産取得税－請求額(21万200円)・認容額(不明)

② 福岡地判平成11年10月20日判時1709号77頁
　施工業者が十分な地盤調査を行うことなく建築した木造一戸建て建物に沈下、ひび割れが発生したことにつき、施工業者の注文者に対する不法行為責任を認め、補修工事費用とともにその出損に伴う消費税についても通常生じる損害として5％の消費税額分（42万8025円）の請求を認めた。

▶木造一戸建て ⇒ 消費税－請求額(42万8025円)・認容額(42万8025円)

③ 千葉地松戸支判平成6年8月25日判時1543号149頁
　土地付建物の売買において土地の不等沈下による木造一戸建て建物の傾き（瑕疵）について売主の買主に対する瑕疵担保責任を認め、転売利益の賠償請求は否定するも、公平の見地から「売買代金（650万円）の範囲内」において補修費用のほか消費税（28万2600円）の損害を認めた。

▶木造一戸建て ⇒ 消費税－請求額(28万2600円)・認容額(28万2600円)

④ 東京高判平成6年7月18日判時1518号19頁
　売買の対象となった土地、一戸建て建物に関する建蔽率・容積率について誤った新聞広告がなされ、かつ契約締結時においても仲介業者から買主に対して誤った説明がなされた事案につき、買主の錯誤無効の主張が認められ、買主の売主に対する固定資産税分担金（7万6782円）の（不当利得）返還請求が認められた。

▶一戸建て ⇒ 固定資産税分担金－請求額(7万6782円)・認容額(7万6782円)

### ⑤　東京地判平成5年12月16日判タ849号210頁

　転売目的の鉄筋コンクリート造マンション売買契約において建築基準法上の完了検査済証を交付することが予め特約として定められていたにもかかわらず交付できなかった事案につき、完了済検査証がない場合の不都合等も斟酌して買主からの解除請求を認めたが、違約金の定め（代金の20％）があり、この損害賠償額の予定の推定を覆す反証がないことから違約金以外の登録免許税と不動産取得税などの請求を否定し、固定資産税については解除の翌日以降の分についてのみ不当利得返還請求として認めた。

▶**鉄筋コンクリート造マンション ⇒ 登録免許税－請求額（300万2400円）・認容額（0円）、不動産取得税－請求額（117万7200円）・認容額（0円）、固定資産税－請求額（48万4700円）・認容額（40万2841円）**

---

**否定例**

　固定資産税負担分は土地を所有していること自体に基づき発生・負担するものであるから因果関係がないとして損害として否定した〈③大阪高判H23・10・14〉、土地及び建物についての売買契約に関連する債務不履行責任・不法行為責任が発生する場合でも「土地を保有していることによって生じた負担」であるとして損害を認めなかった〈④東京高判H12・10・26〉は参考になる。

### ①　東京地判平成26年4月28日判例秘書L06930345

　土地を購入した買主が仲介業者に対し、近隣に暴力団関係団体事務所のビルがあることの調査説明義務に違反したとして、債務不履行または不法行為に基づく損害賠償請求として登録免許税（200万9600円）、不動産取得税（231万8800円）等の支払を求めた事案につき、当該ビルに関する事情は重要事項に該当するが、仲介業者が説明義務を負うのは当該ビルに暴力団関係団体事務所が存在すると認識していた場合であるとして請求を否定した。

▶土地 ⇒ 登録免許税－請求額(200万9600円)・認容額(0円)、不動産取得税－請求額(231万8800円)・認容額(0円)

② 東京地判平成24年2月8日判タ1388号216頁
　特別地方公共団体が都市計画の情報提供のために作成した図面に高度地区表記の誤りがあったため、その表記を前提にマンション建築事業を計画し土地を購入した後に、同図面の誤りが判明したため同事業を断念した不動産業者の国家賠償請求を認めたが、表記が誤りであることを知っていれば土地を購入しなかったとはいえないこと、マンション建築を断念して同土地を売却したわけではないことから固定資産税及び都市計画税（27万3172円）、不動産取得税（53万7000円）の損害は因果関係がないとして否定した。

▶土地 ⇒ 固定資産税及び都市計画税－請求額(27万3172円)・認容額(0円)、不動産取得税－請求額(53万7000円)・認容額(0円)

③ 大阪高判平成23年10月14日判タ1400号116頁
　山林の土砂埋立事業の許可申請に対し、手続的要件を具備していないとして不許可処分を行った市に対し、国家賠償責任を認めたが、固定資産税負担分（10万9584円）の請求は土地を所有していること自体に基づき発生・負担するものであるから因果関係がないとして否定した。

▶土地 ⇒ 固定資産税－請求額(10万9584円)・認容額(0円)

④ 東京高判平成12年10月26日判時1739号53頁
　がけ地を含む土地の売買につき、不動産仲介業者が買主に対して関係法令に基づく規制があること、利用が大幅に制限され、多額の擁壁工事費用が生じることも説明しなかった場合には、仲介業者の賠償責任が発生するが、不動産取得税、固定資産税及び都市計画税については土地を保有していることに伴って生じた負担であり、仲介業者の債務不履行に基づく損害とはいえないとして否定した。

▶土地 ⇒ 不動産取得税－請求額（59万9100円）・認容額（0円）、固定資産税・都市計画税－請求額（125万6932円）・認容額（0円）

⑤　東京地判平成7年8月29日判時1560号107頁
　交差点の反対側に暴力団事務所が存在することは、土地売買契約における「隠れたる瑕疵」に該当し、減価割合は2割を下らないとして売買代金の2割相当額を瑕疵担保責任に基づく賠償請求として売主に対して認めたが、固定資産税・都市計画税等は損害として否定した。

▶土地 ⇒ 固定資産税・都市計画税－請求額（8万3460円）・認容額（0円）

## 9 登記・税金・保険関係(4)―利息

Q 購入資金を銀行から借り入れていた場合、借入利息分も損害に含まれるのでしょうか。
　また、売買代金の運用利益や建替える場合の請負代金の利息についてはどうでしょうか。

A 契約の効力が否定された場合、債務不履行責任または不法行為責任が認められた場合には借入金の利息も損害に含まれうる。ただし、否定した事例もあり、個々の事案において借入と債務不履行等との因果関係の有無を検討する必要がある。
　売買代金の運用利益及び建物を再建築する際の請負代金の利息については否定された事例がある。

#### 肯定例

銀行からの借入利息については損害として認められることがある。

① **大阪高判平成 23 年 10 月 14 日判タ 1400 号 116 頁**

　山林の土砂埋立事業の許可申請に対し、手続的要件を具備していないとして不許可処分を行った市に対し、国家賠償責任を認め、民事訴訟法 248 条に基づき不許可処分がなければ負担することはなかったと認められる借入金利息相当額を認めた。

▶土地 ⇒ 借入金利息－請求額(2億2365万3750円)・認容額(1000万円)

② **神戸地判平成 9 年 9 月 8 日判時 1652 号 114 頁**

　傾斜地に建築した鉄筋コンクリート造建物に発生した浸水現象につき、契約の目的を達成できない「隠れたる瑕疵」に該当するとして買主からの解除

を認め、売買代金の返還額とともに借入利息分について請求額どおりの損害賠償を売主に対して命じた。ただし、売主の賠償義務の範囲は信頼利益の範囲に限るとして弁護士費用の請求を否定し、売主から注文を受けた施工業者（請負人）の買主に対する使用者責任については「積極的な加害意思がある」など特段の事情がない場合には賠償請求できないとした。

▶鉄筋コンクリート造建物 ⇒ 利息－請求額(5786万1405円)・認容額(5786万1405円)

③　東京地判平成6年12月16日判タ891号139頁

地主から土地を借りてマンションを建築する計画が、借地人・保証人（事前求償権者）により破棄され、マンション建築計画が頓挫したという事案につき、マンション建築計画のパートナー（主債務者）から借地人（保証人）に対する損害賠償請求を認め、貸金により支払を余儀なくされた金額に対する利息について請求額416万4666円のうち349万1006円の賠償請求を認めた。

▶マンション ⇒ 既払利息－請求額(416万4666円)・認容額(349万1006円)

　否定例

銀行からの借入利息は因果関係がないとして損害にあたらないとされることがある（〈③東京地判H10・5・13〉及び〈⑤東京地判H6・1・24〉）。売買代金の運用利益（〈②東京高判H12・10・26〉）、建物を再建築する際の請負代金の利息（〈⑥東京地判H2・2・9〉）については否定されており、参考になる。

①　東京地判平成24年2月8日判タ1388号216頁

特別地方公共団体が都市計画の情報提供のために作成した図面に高度地区表記の誤りがあったため、その表記を前提にマンション建築事業を計画し土地を購入した後に、同図面の誤りが判明したため同事業を断念した不動産業

者の国家賠償請求を認めたが、表記が誤りであることを知っていれば土地を購入しなかったとはいえないこと、マンション建築を断念して同土地を売却したわけではないことから借入金金利（365万4050円）の損害は因果関係がないとして否定した。

▶土地 ⇒ 借入金金利－請求額(365万4050円)・認容額(0円)

② 東京高判平成12年10月26日判時1739号53頁

がけ地を含む土地マンションの売買につき、不動産仲介業者が関係法令に基づく規制があること、利用が大幅に制限され、多額の擁壁工事費用が生じることも説明しなかった場合には、仲介業者の善管注意義務違反に基づく損害賠償責任を認めるも、売買代金の運用利益については損害として否定した。

▶土地 ⇒ 売買代金の運用益－請求額(3392万9041円)・認容額(0円)

③ 東京地判平成10年5月13日判時1666号85頁

売買の対象となった建物に瑕疵が存在したことにつき、仲介業者以外に仲介的役割を果たした銀行や税理士の告知義務違反に基づく買主に対する不法行為責任を認め、買主の賠償請求として印紙代相当額他を認容したが、銀行への既払利息については損害として否定した。

▶雑居ビル ⇒ 既払利息－請求額(165万4518円)・認容額(0万円)

④ 横浜地判平成9年12月26日判タ977号87頁

建築主事の行政指導に従う姿勢を申請者である建築主が示している状況において、建築主事がしばらくの間建築確認申請の受理を留保しても行政庁に国家賠償法上の賠償義務はないとして、建築確認が遅れたことにより借入金の増大による利息など、損害賠償請求は否定された。

▶木造一戸建て ⇒ 借入金増大による利息－請求額(2263万4000円)・認容額(0円)

⑤ 東京地判平成6年1月24日判時1517号66頁

　建築確認通知書が発行された後に契約を締結する等を取り決めた協定を結んだ事案につき、当事者の一方が契約の締結を拒否した場合には信義則違反として売主がリゾートマンション設計費用として支払った金額の8割の賠償義務を負うとしたが、金融機関からの借入れは設計費用の支払との間で相当因果関係がないとして、支払った利息を損害として否定した。

▶リゾートマンション ⇒ 金融機関への支払利息－請求額(2億127万1497円)・認容額(0円)

⑥ 東京地判平成2年2月9日判時1365号71頁

　仕事の目的物に瑕疵があることについては、請負契約の瑕疵担保責任を主張するボーリング場注文者に主張立証責任があり、不具合の主張だけでは不十分として、建物を再建築する際の請負代金の利息4592万2186円の賠償請求を否定した。

▶ボーリング場 ⇒ 利息－請求額(4592万2186円)・認容額(0円)

## 10 登記・税金・保険関係(5)—保険料

**Q** 火災保険料は損害金に含まれるのでしょうか。

**A** 契約の効力が否定された場合、債務不履行責任または不法行為責任が認められた場合、支払われた火災保険料は損害金に含まれる。

### 肯定例

損害賠償請求等が認められる場合、火災保険料は損害として認められている。

① 神戸地尼崎支判平成 25 年 10 月 28 日判例秘書 L06850609

マンション賃貸借契約において、家主が借主に居室内で自殺があったことを告げずに契約したことは説明義務違反であるとして、住宅保険料（2万6700円）等の損害賠償請求を認めた。

▶マンション ⇒ 住宅保険料−請求額(2万6700円)・認容額(2万6700円)

② 横浜地判平成 24 年 1 月 31 日判タ 1389 号 155 頁・判時 2146 号 91 頁

マンションの耐震強度が不足していた事案につき、建築確認を行った指定確認検査機関に対する損害賠償請求権を肯定し、火災保険料・地震保険料を損害として認めた。

▶マンション ⇒ 火災保険料・地震保険料−請求額(不明)・認容額(不明)

③ 大阪地判平成 20 年 5 月 20 日判タ 1291 号 279 頁

居住目的の土地建物の売買契約において売主を仲介する仲介業者は、建物

の物理的瑕疵によって居住目的が実現できない可能性があるとの情報を認識している場合には買主に対し積極的にその情報を告知すべきであり、これを怠った仲介業者には不法行為責任が認められるとして火災保険料等の支払を命じた。なお、買主から仲介の委託を受けていた会社の過失は被害者側の過失として斟酌すべきである等として公平の見地から損益相殺後の損害額の2割を過失相殺した。

▶土地建物 ⇒ 火災保険料－請求額(77万2800円)・認容額(不明)

④ 東京高判平成6年7月18日判時1518号19頁

売買の対象となった土地、一戸建て建物に関する建蔽率・容積率について誤った新聞広告がなされ、かつ契約締結時においても仲介業者から買主に対して誤った説明がなされた事案につき、買主の錯誤無効の主張が認められ、買主の売主に対する火災保険料（1万1250円）の（不当利得）返還請求が認められた。

▶一戸建て ⇒ 火災保険料－請求額(1万1250円)・認容額(1万1250円)


否定例

損害賠償責任が認められない場合、火災保険料の請求は否定されている。

① 横浜地判平成10年2月25日判時1642号117頁

建物賃借人が化学物質過敏症に罹患したとして賃借建物に新建材を使用したことは債務不履行にあたるとして、賃貸人に保険料等の損害賠償をした事案につき、賃貸人は化学物質過敏症の発症を予見し、対応することは期待不可能であるから過失はないとして請求を否定した。

▶賃借建物 ⇒ 家財保険料－請求額(9120円)・認容額(0円)

② **最判平成3年4月2日判時1386号91頁**

　借地権付き建物売買において、敷地部分である擁壁に建物倒壊の危険性のある場合でも、土地所有者である賃貸人が借地人に対して修繕義務を負担すべき対象である場合には、このような状況は建物売買の目的物の「隠れたる瑕疵」ではないとして、解除及び火災保険料などの賠償請求を否定した。

▶**借地権付建物 ⇒ 契約の解除・火災保険料などの賠償請求－請求額(不明)・認容額(0円)**

## 第1章 積極損害

### 11 印紙代

Q 契約書等に貼付した印紙代も損害金に含まれるのでしょうか。

A 契約の効力が否定された場合、債務不履行責任または不法行為責任が認められた場合には印紙代を損害金として認めている。

ただし、因果関係がないなどの理由で損害として認められないケースもある。なお、暴力団関係団体事務所が存在することに関して仲介業者の説明義務違反が認められるのはあくまで仲介業者が暴力団関係段事務所の「存在を認識していた場合」とする 否定例 〈① 東京地判 H26・4・28〉は説明義務の範囲として参考となる。

肯定例

損害賠償請求等が認められる場合には印紙代も基本的に損害として認められている。

① **東京地判平成 25 年 12 月 13 日判例秘書 L06830960**

マンション解体工事の請負契約を締結した後、請負人の仕事完成前に注文者が契約を解除した事案につき、注文者の請負人に対する解体契約書の印紙代半額（2万 2500 円）等の返還請求を認めた。

▶マンション ⇒ 印紙代－請求額（2万2500円）・認容額（2万2500円）

② **横浜地判平成 24 年 1 月 31 日判タ 1389 号 155 頁・判時 2146 号 91 頁**

マンションの耐震強度が不足していた事案につき、建築確認を行った指定確認検査機関に対する損害賠償請求権を肯定し、売買契約印紙代を損害とし

て認めた。

▶マンション ⇒ 印紙代－請求額(不明)・認容額(不明)

③　東京地判平成20年12月1日判例秘書L06332564

建設会社従業員から執拗にマンション経営の勧誘を受けた結果、意に反してマンション建築請負契約を締結させられるなどして多額の金銭を出費させられたことにつき、建築会社に不法行為責任を肯定し、契約書印紙代等の支払請求を認めた。なお、4割の過失相殺がなされている。

▶マンション ⇒ 印紙代－請求額(不明)・認容額(不明)

④　東京地判平成10年5月13日判時1666号85頁

売買の対象となった建物に瑕疵が存在したことにつき、仲介業者以外に仲介的役割を果たした銀行や税理士の告知義務違反に基づく不法行為責任を認めて、買主の賠償請求（印紙代）を認容した。

▶雑居ビル ⇒ 印紙代－請求額(40万円)・認容額(40万円)

⑤　東京地判平成6年12月16日判タ891号139頁

地主から土地を借りてマンションを建築する計画が、借地人・保証人（事前求償権者）により破棄され、マンション建築計画が頓挫したという事案につき、マンション建築計画のパートナー（主債務者）から借地人（保証人）に対する損害賠償請求を認め、工事業者との請負契約に伴う費用のうち収入印紙代10万円についての損害賠償請求を認めた。

▶マンション ⇒ 収入印紙代－請求額(10万円)・認容額(10万円)

否定例

「土地を保有していることに伴って生じた負担」であるから仲介業者の債務不履行による損害として否定された〈②東京高判H12・10・26〉、違約金

の定めがあるとして否定された〈③東京地判 H5・12・16〉は参考になる。

① **東京地判平成 26 年 4 月 28 日判例秘書 L06930345**
　土地を購入した買主が仲介業者に対し、近隣に暴力団関係団体事務所のビルがあることの調査説明義務に違反したとして、債務不履行または不法行為に基づく損害賠償請求として印紙代（8万円）等の支払を求めた事案につき、当該ビルに関する事情は重要事項に該当するが、仲介業者が説明義務を負うのは当該ビルに暴力団関係団体事務所が存在すると認識していた場合であるとして請求を否定した。

▶**土地 ⇒ 印紙代－請求額(8万円)・認容額(0円)**

② **東京高判平成 12 年 10 月 26 日判時 1739 号 53 頁**
　がけ地を含む土地マンションの売買につき、不動産仲介業者が関係法令に基づく規制があること、利用が大幅に制限され、多額の擁壁工事費用が生じることも説明しなかった場合には、仲介業者の善管注意義務違反に基づく賠償義務を認めるも、契約書添付用収入印紙代については土地を保有していることに伴って生じた負担であり、仲介業者の債務不履行に基づく損害とはいえないとして否定した。

▶**土地 ⇒ 収入印紙代－請求額(10万円)・認容額(0円)**

③ **東京地判平成 5 年 12 月 16 日判タ 849 号 210 頁**
　転売目的の鉄筋コンクリート造マンション売買契約において建築基準法上の完了検査済証を交付することが予め特約として定められていたにもかかわらず交付できなかった事案につき、完了済検査証がない場合の不都合等も斟酌して買主からの解除請求を認めたが、違約金の定め（代金の20％）があり、この損害賠償額の予定の推定を覆す反証がないことから売買契約書に貼付した印紙代等の損害賠償請求は否定した。

▶**鉄筋コンクリート造マンション ⇒ 印紙代－請求額(6万6666円)・認容額(0円)**

## 第3節　転居・仮設住宅

### 1　転居費用

Q　建築瑕疵紛争を含めた不動産に関する紛争において、転居費用の賠償に関してどのような傾向があるのでしょうか。またどのような点が判断基準になるのでしょうか。

A　「補修工事のために転居が必要であるか」どうかを判断基準とした上で概ね10万円以上（ 肯定例 〈①津地判 H26・3・6〉）の金額を認めている。

　なお、転居が必要であるかどうかについては工事内容を吟味したうえで判断しており、特に 否定例 〈①東京地判 H24・6・8〉、〈②福岡高判 H24・1・10〉、〈③神戸地判 H23・1・18〉は参考になる。

肯定例

　「補修工事のために転居が必要であるかどうか」を判断基準として10万円以上（〈①津地判 H26・3・6〉）の金額を認めている。引越しの具体的な状況によって異なってくるが、概ね30万円程度（〈⑧大阪高判 H元・2・17〉）が目安となり、状況に応じて増額されていると思われる（ 肯定例 〈④東京地判 H20・1・25〉、〈⑤福岡地判 H11・10・20〉、〈⑥東京地判 H11・6・25〉、〈⑦浦和地判 H7・3・10〉参照）。なお、引越支度金を認めている点は参考になる（〈③静岡地判 H24・12・7〉）。

① 　津地判平成26年3月6日判時2229号50頁

　宅地造成事業により造成された道路及び宅地の陥没事故が発生し住民が建物に居住できなくなったところ、開発許可を行い、道路を管理する市の国家賠償法上の営造物責任に基づく損害賠償責任を認め、転居費用として10万

円、その他代替地への転居費用（代替地購入代金、建築工事代金、登記費用を含むが前記転居費用を除く）として3900万1901円の請求を認めた。

▶一戸建て ⇒ 転居費用－請求額(10万円)・認容額(10万円)、

その他代替地への転居費用－請求額(4060万1901円)・認容額(3900万1901円)

② 神戸地尼崎支判平成25年10月28日判例秘書L06850609

　マンションの賃貸借契約の際、弁護士である家主が居室内で居住者が自殺したことを告げずに契約したことは、説明義務違反であるとして、家主の賃借人に対する不法行為責任を認め、転居費用18万円の請求を認めた。

▶マンション ⇒ 転居費用－請求額(18万円)・認容額(18万円)

③ 静岡地判平成24年12月7日判時2173号62頁

　耐震強度不足が発覚した分譲マンションを建築・販売した建築主が、その原因が構造計算書等の誤りにあるなどと主張して、本件建物の建築確認を行った市、構造計算書等の作成に関与した設計事務所及びその取締役らに対し、それぞれ不法行為に基づく損害賠償を請求したのに対し、これら請求を認め、マンション全体の引越費用1523万6139円、転居に際し荷物の保管のために用意したトランクルーム費82万3570円、引越しの準備のために要した引越支度金360万円の請求を認めた。

▶分譲マンション ⇒ 引越費用－請求額(1523万6139円)・認容額(1523万6139円)、トランクルーム費－請求額(82万3570円)・認容額(82万3570円)、引越支度金－請求額(360万円)・認容額(360万円)

④ 東京地判平成20年1月25日判タ1268号220頁

　建物の設計監理者に、建築された建物の瑕疵について、設計監理者は、設計及び監理の委託を受けた建物建築工事にあたり、当該建物に建物としての基本的な安全性が欠けることがないように配慮すべき注意義務を負うと解するのが相当であり、設計監理者がこの義務を怠ったために建築された建物に

建物としての基本的な安全性を損なう瑕疵があり、それにより居住者等の生命、身体または財産が侵害された場合には、設計監理者は、これによって生じた損害について不法行為による賠償責任を負うとして、本件につき設計監理の不備を認めて不法行為責任を肯定し、補修工事期間中の仮住居への転居が必要であるとして、仮住居への引越費用（56万円）の請求を認めた。

▶一戸建て ⇒ 引越費用－請求額(56万円)・認容額(56万円)

⑤　福岡地判平成11年10月20日判時1709号77頁

　施工業者が十分な地盤調査を行うことなく建築した木造一戸建て建物に沈下、ひび割れが発生したことにつき、施工業者の注文者に対する不法行為責任を認め、補修工事を行う期間の代替住居確保のための引越費用85万8870円、2か月分の家賃9万6000円、仲介手数料4万8000円の支払義務を認めるも、移転雑費10万円については必要性についての具体的な立証がないので支払義務は否定した。

▶木造一戸建て ⇒ 代替住居確保のための費用－請求額(110万2870円)・認容額(100万2870円)

⑥　東京地判平成11年6月25日判時1717号97頁

　隣接地の建物新築工事によって自己所有建物に亀裂などが生じたことについて、隣接建物の所有者（注文者）、請負人、設計監理事務所に対して損害請求した事案につき、所有者（注文者）の責任を否定し、他の二者について連帯して賠償義務を認め、工事に伴う賃借人の転居費用等について395万4400円の請求を認めた。

▶雑居ビル ⇒ 転居費用－請求額(395万4400円)・認容額(395万4400円)

⑦　浦和地判平成7年3月10日判タ908号206頁

　隣接地の宅地造成工事に伴う給排水工事などにより建物が傾斜するなどの事情が発生した事案につき、被害者に対する宅地造成工事の請負人、下請業者並びに下請業者の代表者に対する不法行為責任、注文者としての責任（民

法716条但書）並びに代表者の第三者責任（旧商法266条の3、会社法429条）を認める一方で、被害建物にも構造上の欠陥が発生していたことを根拠として過失相殺の規定を類推適用して、認定した損害額（1名につき140万円、もう1名につき180万円）の7割の金額の支払を命じた。

▶木造一戸建て ⇒ 転居費用(アパート代含む)－請求額(各232万円)・認容額(98万円・126万円)(原告2名)

⑧　大阪高判平成元年2月17日判時1323号68頁

　不等沈下が発生した鉄骨造建物の瑕疵につき、工事業者と設計監理事務所の注文者に対する連帯責任を認め、2棟分の建物鑑定費用のほか、引越費用として請求額通りの賠償義務を認めた。

▶鉄骨造共同住宅 ⇒ 引越費用－請求額(30万円)・認容額(30万円)

### 否定例

　工事内容を吟味した上で、転居が必要ないとされる場合には、賠償を認めていない。なお、瑕疵担保責任の損害賠償の範囲に関して「信頼利益」に限定するものとして引越費用を制限しているものがあり、参考になる（〈⑤大阪地判H3・6・28〉）。

①　東京地判平成24年6月8日判時2169号26頁

　建物が傾斜しているのは、建物の基礎と土地の性状の瑕疵であるとして、土地建物を買い受けた買主による売主に対する瑕疵担保責任が肯定されたものの、本件建物に居住したまま鋼管圧入・ジャッキアップ工事を行うことが可能であると認められるから、補修工事に必要な費用であるとは認められないとして引越費用の請求を否定した。

▶一戸建て ⇒ 引越費用－請求額(90万円)・認容額(0円)

② 福岡高判平成24年1月10日判タ1387号238頁・判時2158号62頁

売買の対象となった建物に、ひび割れや鉄筋の耐力低下等の瑕疵があるとして、買主から、設計者、施工者、工事監理者に対する不法行為に基づく損害賠償請求を求めたのに対し、全面補修を行うのは居室の一部であるとともに、床スラブ補修のみであるうえ、直ちに補修しなければその使用に支障が出るものとは認められないことから、入居者の転居の際などに補修が可能であるため、補修に伴い引越費用は必要でないとして、引越費用の請求を否定した。

▶共同住宅・店舗 ⇒ 引越費用－請求額(2500万円)・認容額(0円)

③ 神戸地判平成23年1月18日判タ1367号152頁

本件建物には基礎の欠陥及び使用上の欠陥が存しているため、建替えが必要であると主張して、施工業者に対して、瑕疵担保責任または不法行為による損害賠償請求権に基づいて、補修期間中は別の建物に転居の必要があるとして引越費用を請求したのに対し、自宅を別に有してこれに居住しており、本件建物を別荘として利用していることが認められ、本件建物に存在する瑕疵を補修する間、本件建物から転居する必要があるということはできないから、引越費用を本件と相当因果関係のある損害と認めることはできないとして請求を否定した。

▶一戸建て(別荘) ⇒ 引越費用－請求額(30万円)認容額(0円)

④ 東京地判平成4年4月27日判時1458号105頁

ビル新築工事を担当した建築会社の山留工事の不良に基づき発生した隣接建物の傾斜・沈下などにつき、建築業者の隣接建物所有者への不法行為責任を認めたが、転居の必要はないとして転居費用の請求を否定した。

▶木造一戸建て ⇒ 復旧工事期間中の転居費用－請求額(220万円)・認容額(0円)

⑤ 大阪地判平成3年6月28日判時1400号95頁

　土地建物を取得した者が、建物に存在する欠陥について、直接の売主に対して瑕疵担保責任、その前主に対しては瑕疵担保責任の代位行使、施工業者に使用者責任を追及した事案につき、売主の瑕疵担保責任の範囲は信頼利益の範囲に限定するとして補修費用の請求を否定したが、施工業者への使用者責任は認めるも、引越費用については工事期間中代替住居に宿替えする必要がないとして否定した。

▶木造・鉄筋・一戸建て ⇒ 引越費用－請求額(30万円)・認容額(0円)

## 2 家賃

Q 建築瑕疵紛争において、瑕疵の補修期間に代替建物を賃借した場合の当該代替建物賃料の賠償に関する特徴はどのようなものでしょうか。

A 請負人（施工業者）などに補修義務（補修費用の支払を含む）が認められた場合には、補修工事との関係で、補修期間中、代替建物に居住する必要があるか否かが判断基準になっており、これが認められる場合には、補修期間の代替建物賃料が損害として認められている。

またケースによってそれぞれ異なるが、「代替地の購入を検討する為に要した2年間分の家賃を認めた 肯定例 〈①津地判H26・3・6〉、引越しを伴うことから引越費用も含めた金額として算出している 肯定例 〈④京都地判H19・10・18〉及び〈⑦東京地判H3・12・25〉が参考になる。

肯定例

補修工事との関係で、補修期間の代替建物に居住する必要があるとされた場合には、補修期間の代替建物賃料が損害として認められている。補修期間としては数か月がひとつの目途となる（〈⑥神戸地姫路支判H7・1・30〉及び〈⑧大阪高判H元・2・17〉など参照）。請求根拠に関して賃借人（転借人）の責任で修繕を必要とする状態に応じた場合においても合理的な期間内に修繕すべき義務を賃貸人が負うとして転借人の賃料の拒絶権（賃料の30％相当額）を認めた〈⑤東京地判H7・3・16〉が参考になる。

① 津地判平成 26 年 3 月 6 日判時 2229 号 50 頁

　宅地造成事業により造成された道路及び宅地が陥没事故が発生し住民が建物に居住できなくなったところ、開発許可を行い道路を管理する市の国家賠償法上の営造物責任に基づく損害賠償責任を認め、一時転居先たる社宅の家賃として代替地の購入を検討するために要した約 2 年間分の家賃として 30 万 7200 円の請求を認めた。

▶一戸建て ⇒ 一時転居先たる社宅使用料－請求額（52万4800円）・認容額（30万7200円）

② 静岡地判平成 24 年 12 月 7 日判時 2173 号 62 頁

　耐震強度不足が発覚した分譲マンションを建築・販売した建築主が、その原因が構造計算書等の誤りにあるなどと主張して、本件建物の建築確認を行った市、構造計算書等の作成に関与した設計事務所及びその取締役らに対し、それぞれ不法行為に基づく損害賠償を請求したのに対し、これら請求を認め、一時転居先の家賃 1603 万 526 円及び転居先へ支払った敷金礼金、仲介料等のうち返金額を差し引いた 1044 万 6157 円計 2647 万 6683 円の請求を認めた。

▶分譲マンション ⇒ 一時転居先の家賃及び敷金礼金、仲介料等－請求額（2647万6683円）・認容額（2647万6683円）

③ 東京地判平成 20 年 1 月 25 日判タ 1268 号 220 頁

　建物の設計監理者に、建築された建物の瑕疵について、設計監理者は、設計及び監理の委託を受けた建物建築工事にあたり、当該建物に建物としての基本的な安全性が欠けることがないように配慮すべき注意義務を負うと解するのが相当であり、設計監理者がこの義務を怠ったために建築された建物に建物としての基本的な安全性を損なう瑕疵があり、それにより居住者等の生命、身体または財産が侵害された場合には、設計監理者は、これによって生じた損害について不法行為による賠償責任を負うとして、本件につき設計監理の不備を認めて不法行為責任を肯定し、補修工事期間中の仮住居への転居

が必要であるとして、仮住居の賃料（礼金等を含む）の請求を認めた。

▶一戸建て ⇒ 仮住居の賃料－請求額(60万円)・認容額(60万円)

④ 京都地判平成19年10月18日判例秘書L06250295
　一団の土地に建築・売却された11軒の建物に、傾きやひび割れ等が発生し、更に隣接する場所で実施された市の排水路改良工事によって、傾き、ひび割れ等の程度が拡大したこと等について、建築業者が建物を建築するに当たって敷地に適切な地盤対策を講じなかったこと及び市が必要な地盤調査を怠ったうえ、適切な工法を採用しなかったことが原因であるとして、不法行為ないし瑕疵担保責任に基づき、損害賠償を求めたのに対し、業者及び市の過失を認め、業者と市に共同不法行為が成立するとして、工事期間中の住宅費（引越費用も含む）の請求を認めた。

▶一戸建て ⇒ 工事期間中の住居費用－請求額(原告1～10については各100万円、原告11については20万円)(引越費用含む)・認容額(各20万)(原告11名)

⑤ 東京地判平成7年3月16日判タ885号203頁
　転借人の誤った使用により配水管が詰まった事案につき、賃借人（転借人）の責任で修繕を必要とする状態に至った場合においても合理的な期間内に修繕を行うべきであるとし、相当期間経過後は賃借人に賃料拒絶権（賃料の30％相当額）があるとして未払賃料請求額239万2520円のうち209万3216円の請求を認めた。

▶マンション ⇒ 未払賃料－請求額(239万2520円)・認容額(209万3216円)

⑥ 神戸地姫路支判平成7年1月30日判時1531号92頁
　建築請負契約における請負人からの残代金（本訴）請求に対して、注文者が反訴請求として請負人の従業員である建築士の過失による鉄骨造マンション建物の瑕疵の存在を主張して請負人の使用者責任に基づく建替えと同様の補修費用等の請求を行った事案につき、瑕疵の存在を認め、注文者からの損

害賠償請求の内容として補修期間（5か月）中の家賃として38万1225円ほかの請求を認めた。

▶鉄骨造マンション ⇒ 補修期間中の家賃－請求額(38万1225円)・認容額(38万1225円)

⑦　東京地判平成3年12月25日判時1434号90頁
　ツー・バイ・フォー・ペンションの建築において引渡後雨水の浸水などがあった事案につき、注文者から請負人及び監理技師に対する瑕疵担保責任に基づく損害賠償請求として、引越費用及び家賃等は原告の主張どおりの150万円の請求が認められた。

▶ツー・バイ・フォー・ペンション ⇒ 引越費用及び家賃－請求額(150万円)・認容額(150万円)

⑧　大阪高判平成元年2月17日判時1323号68頁
　不等沈下が発生した鉄骨造建物の瑕疵につき、工事業者と設計監理事務所の注文者に対する瑕疵担保責任を連帯して認め、代替建物賃料については1棟分について全額を認めるも、もう1棟については再構築ではなく部分修復の工事を行った場合の限度（5か月）において損害として認めた。

▶鉄骨造共同住宅 ⇒ 代替建物賃料－請求額(84万3520円・147万6717円)・認容額(84万3520円・92万2948円)(2棟分)

### 否定例

　引越費用と同様に転居の必要性があるかどうかについては詳しい検討がなされており、補修工事との関係で、補修期間の代替建物に居住する必要がないとされた場合には、損害が認められていない。

①　東京地判平成26年1月31日判例秘書L06930175
　建築請負契約により完成・引渡しを受けた建物には、外壁通気構法が採用されていないなど複数の瑕疵があり漏水等の損害を被ったとして、注文者が

施工業者に対して、主位的に不法行為に基づく損害賠償を、予備的に債務不履行責任または瑕疵担保責任の損害賠償を求めた事案につき、本件建物の瑕疵の一部は、いずれも被告の過失により建物の基本的な安全性を損なう施工を行ったために生じたといえるとして、施工業者の責任を肯定したものの、補修工事は本件建物に居住したまま実施することが可能であるとして仮住居費用等の請求を否定した。

▶一戸建て建物 ⇒ 仮住居費用－請求額（160万1667円）・認容額（0円）

② 東京地判平成25年7月30日判例秘書L06830600

建物には設計ミス、取り付け不良等の瑕疵があったとして、建物を売却した業者に対し瑕疵担保責任を追及した事案につき、一部業者の瑕疵を認めたが、わずか5日の補修であって転居の必要性はなかったとして転居先の家賃の請求を否定した。

▶鉄筋コンクリート一戸建て ⇒ 一時転居先の家賃（転居費用含む）－請求額（不明）・認容額（0円）

③ 東京地判平成24年6月8日判時2169号26頁

建物が傾斜しているのは、建物の基礎と土地の性状の瑕疵であるとして、土地建物を買い受けた買主による売主に対する瑕疵担保責任が肯定されたものの、本件建物に居住したまま鋼管圧入・ジャッキアップ工事を行うことが可能であると認められるから、上記各費用が補修工事に必要であるとは認められないとして仮住居費用（家賃、仲介手数料、礼金）の請求を否定した。

▶一戸建て ⇒ 仮住居費用－請求額（100万円）・認容額（0円）

④ 神戸地判平成23年1月18日判タ1367号152頁

本件建物には基礎の欠陥及び使用上の欠陥が存しているため、建替えが必要であると主張し、施工業者に対して、瑕疵担保責任または不法行為による損害賠償請求権に基づいて、補修期間中は別の建物に転居の必要があるとし

て代替建物費用を請求したのに対し、自宅を別に有してこれに居住しており、本件建物を別荘として利用していることが認められ、本件建物に存在する瑕疵を補修する間、本件建物から転居する必要があるということはできないから、代替建物を使用する費用を本件と相当因果関係のある損害と認めることはできないとして請求を否定した。

▶一戸建て（別荘）⇒ 代替建物費用－請求額（100万円）・認容額（0円）

⑤　大阪地判平成3年6月28日判時1400号95頁

　土地建物を取得した者が、建物に存在する欠陥について、直接の売主に対して瑕疵担保責任、その前主に対しては瑕疵担保責任の代位行使、施工業者に使用者責任を追及した事案につき、売主の瑕疵担保責任の範囲は信頼利益の範囲に限定するとして補修費用の請求を否定したが、施工業者への使用者責任は認めるも、賃料については工事期間中代替住居に引越する必要がないとして否定した。

▶木造・鉄筋・一戸建て ⇒ 賃料－請求額（54万2585円）・認容額（0円）

## 第4節　借地借家法関係

### 1　逸失賃料

Q　建築瑕疵紛争において、賃貸目的のマンションの逸失賃料に関する損害認定の傾向にはどのようなものがあるのでしょうか。

A　賃貸建物について「補修工事の必要性があり、その期間中は賃貸できなかった場合であるか否か」が判断基準になっており、これが肯定される場合には、瑕疵により本件建物を賃貸することができなかったとみるべき合理的期間について賃料損害として認められている。

　補修工事の必要性については充分な検討が加えられている。一部を否定した 肯定例 〈②仙台地判 H23・1・13〉の他、因果関係を否定した 否定例 〈①東京地判 H15・1・28〉及び〈②横浜地判 H9・12・26〉は参考になる。なお、建物の基礎工事・解体工事費用を賠償した場合には「得べかりし賃料」がこれに含まれると判断したものがある（ 否定例 〈⑤東京地判 H3・7・25〉）。

### 肯定例

　賃貸建物について補修工事の必要性があり、その期間中は賃貸できなかった場合には、瑕疵により本件建物を賃貸することができなかったとみるべき合理的期間について賃料損害が認められている。合理的期間については補修工事の内容などそれぞれの事案によって異なる（〈④東京高判 H6・2・24〉）。ただし、空室率2割とした〈①仙台地判 H27・3・30〉、実際に居住不能となる部屋が一部であることを考慮した〈②仙台地判 H23・1・13〉や利益率を50％とした〈③東京地判平成19・3・28〉は参考となる。

① 仙台地判平成 27 年 3 月 30 日判例秘書 L07050195
　コンクリート造りマンションにつき強度不足があったとして、施主が請負人らの不法行為責任を請求した事案につき、不法行為責任を認め、工事期間中の逸失賃料として空室率を 2 割としたうえで、3310 万 3360 円の請求を認めた。

▶マンション ⇒ 逸失賃料－請求額(3330万8160円)・認容額(3310万3360円)

② 仙台地判平成 23 年 1 月 13 日判時 2112 号 75 頁
　建物築造請負契約につき、建物には設計図書や建築基準法令に違反する瑕疵があるとして、注文者から請負業者に対する瑕疵担保責任及び工事監理者の使用者である監理会社に対する使用者責任に基づく損害賠償請求を求めた事案につき、注文者が修補工事期間に全居住者を退去させなければならないと主張して 1183 万 2000 円の逸失賃料を求めたのに対し、欠陥により居住不能となるのはそのうちの一室にすぎないとして、その限りにおいて損害として請求を認めた。

▶共同住宅 ⇒ 逸失賃料－請求額(1183万2000円)・認容額(58万円)

③ 東京地判平成 19 年 3 月 28 日判例秘書 L06231458
　被告会社が原告の注文により施工した共同住宅の改装工事で、原告が改装工事の対象となった部分には建築基準法令に違反するなどの重大な瑕疵が多数存在すると主張して、被告会社に対し、請負契約上の瑕疵修補に代わる損害賠償等を求め、一方、被告会社は原告に対し、請負代金等の支払いを求めたのに対し、貸室 2 室の賃料収入が得られないことによる逸失利益について、その利益率を 50 パーセントとして算定し、補修期間中の賃料の 2 分の 1 を逸失賃料として認めた。

▶共同住宅 ⇒ 逸失賃料－請求額(8647万円)・認容額(12万円)

④　東京高判平成6年2月24日判タ859号203頁

　新築マンションの売買につき、分譲業者兼販売業者と買主との間に「瑕疵のない建物を引き渡す合意」が存在したことを認定し、本件建物に湿気や異臭が強いという瑕疵があることから売主たる分譲業者兼販売業者は買主に対して債務不履行責任を認め、逸失賃料については、請求額697万円のうち「瑕疵により本件建物を賃貸することができなかったとみるべき合理的期間（約1年間）」についての賃料額合計金（127万5000円）を損害として認めた。

▶マンション ⇒ 逸失賃料－請求額（697万円）・認容額（127万5000円）

⑤　静岡地判平成2年2月9日判時1339号22頁

　集中豪雨によって山崩れが発生して家屋が倒壊したことによる死亡事故につき、崩壊した山に設置されていた観光用リフトの設置管理の瑕疵が原因であるとして、設置管理会社に対する工作物責任を認め、逸失賃料として最高192万7235円の請求を認めた。

▶観光用リフト ⇒ 逸失賃料－請求額（最高246万1313円）・認容額（最高192万7235円）
－原告10名

否定例

　補修工事の必要性については充分な検討が加えられており、この必要性を否定したもの、また、因果関係を否定した〈①東京地判H15・1・28〉、〈③東京地判H5・1・28〉がある。

①　東京地判平成15年1月28日判例秘書L05830292

　賃貸建物の建築を目的として土地を購入した者の、一部につき建築制限に関する合意が存在したとの事案につき、売主には調査報告義務違反があるとして買主に対する債務不履行責任を肯定したが、逸失賃料については調査報告義務を履行していたとしても建物を建築することはできなかったのである

から、債務不履行により生じた損害でないとして請求を否定した。

▶土地 ⇒ 逸失賃料－請求額(2032万9380円)・認容額(0円)

② 横浜地判平成9年12月26日判タ977号87頁
　建築主事の行政指導に従う姿勢を申請者である建築主が示している状況において、建築主事がしばらくの間建築確認申請の受理を留保しても行政庁に国家賠償法上の賠償義務はないとして、建築確認が遅れたことによる木造一戸建て建物が予定どおり建設された場合の得べかりし賃料の賠償請求は否定された。

▶木造一戸建て ⇒ 得べかりし賃料－請求額(3177万7200円)・認容額(0円)

③ 東京地判平成5年1月28日判時1470号91頁
　マンションの上階からの漏水によって生じた被害について、下階の住人からの上階所有者（賃貸人）、上階賃借人、マンション管理業者に対して損害賠償請求がなされた事案につき、原因となった部分は管理業者の管理義務の範囲外であるとしてマンション管理業者以外の他の二者の賠償責任を認めたが、逸失賃料については失当であるとして否定した。

▶マンション ⇒ 逸失利益－請求額(98万4000円)・認容額(0円)

④ 横浜地判平成4年1月31日判タ793号197頁
　違法なマンション建築反対運動によりマンション建設を断念せざるを得なくなったことにより賃料925万2000円が得られなかったとして建築主から反対者に対する逸失賃料の賠償請求がなされた事案につき、反対運動に違法性はないとして請求が否定された。

▶マンション ⇒ 逸失賃料－請求額(925万2000円)・認容額(0円)

⑤ 東京地判平成3年7月25日判時1422号106頁
　賃貸建物の賃借人から注文を受けた請負業者が、内装工事中に起こした火

災事故につき、請負業者の失火責任法上の責任（重過失）を認め、注文者（建物賃借人・団体）についてもその構成員数名が火災となった作業に従事しており、善管注意義務を怠ったとして賃貸人に対する債務不履行責任があり、基礎及び解体工事費用として請求額940万1600円のうち623万円の請求を認めた。ただし、建物焼失により得られなくなった賃料、「得べかりし賃料」については、「使用収益価値は交換価値に含まれることから建物の基礎工事・解体工事費用に含まれている」としてその請求を否定した。

▶**賃貸建物 ⇒ 得べかりし賃料－請求額(527万6759円)・認容額(0円)**

## 2 既払賃料

Q 建築瑕疵など不動産紛争における賃借物件についての既払賃料は損害としてどのように判断するのでしょうか。
　そのほか取得していた、または取得する予定の賃借権を取得できなくなったという意味での賃借権喪失による損害や瑕疵によって生じた損害金をどう考えればよいのでしょうか。

A 建物や土地に瑕疵があった場合において、当該瑕疵により、賃借物件を使用できなかった場合には、既に支払った既払賃料も損害として認められている。既払賃料が存する場合であっても、責任が肯定されない場合や相当因果関係が否定される場合には、損害として否定されている。また、賃借権喪失による損害については損害の立証がない、因果関係がないなどとして損害として否定されているものが多い（ 否定例 〈①東京地判H23・3・25〉、〈③東京地判H6・12・16〉、〈⑤東京地判H5・7・26〉）。その他裁判例においては、瑕疵特別対策費（ 否定例 〈④東京地判H6・1・24〉、瑕疵に対処するためのリフォーム費を請求したものなどもみられるが（ 否定例 〈②横浜地判H10・2・25〉）、因果関係や責任が認められず、責任が否定されているものが多い。

### 肯定例

既払賃料については、建物や土地に瑕疵があった場合において、当該瑕疵により、賃借物件を使用できなかった場合には、既に支払った既払賃料も損害として認められている（〈①東京地判H20・11・21〉、〈②東京地判H6・12・16〉）。

① 東京地判平成20年11月21日判例秘書L06332533

　飲食店を経営する目的で建物を賃借したが、飲食店を開くためには用途変更を要したため、これが建物の隠れた瑕疵にあたるとして損害賠償を求めた事案につき、瑕疵にあたることを認めて、既に支払った賃料44万8000円についての損害賠償責任を認めた。

▶マンション ⇒ 既払賃料－請求額(168万円)・認容額(44万8000円)

② 東京地判平成6年12月16日判タ891号139頁

　地主から土地を借りてマンションを建築する計画が、借地人・保証人（事前求償権者）により破棄され、マンション建築計画が頓挫したという事案につき、マンション建築計画のパートナー（主債務者）から借地人（保証人）に対する損害賠償請求を認め、既に地主に対して支払った既払賃料140万円についての損害賠償請求を認めた。

▶マンション ⇒ 既払賃料－請求額(140万円)・認容額(140万円)

#### 否定例

　既払賃料が存する場合であっても、責任が肯定されない場合や相当因果関係が否定される場合には、損害として否定されている。また、賃借権喪失による損害については損害の立証がない、因果関係がないなどとして損害として否定されているものが多い。

① 東京地判平成23年3月25日判例秘書L06630163

　ショッピングセンターに瑕疵が判明し、取り壊しをせざるを得ないとして、建物賃借人が建物所有者らに対し、債務不履行責任に基づき、履行不能となった賃借権相当額の損害を請求した事案につき、賃貸借契約の終了予定時期までの逸失利益を考慮する以上、それとは別に賃借権を失ったことによる固有の損害が発生するとは認められないとして、請求を否定した。

▶ショッピングセンター ⇒ 賃借権喪失による損害－請求額(13億円)・認容額(0円)

② 横浜地判平成10年2月25日判時1642号117頁

　建物賃借人が化学物質過敏症に罹患したとして、賃借建物に新建材を使用したことは債務不履行にあたり、賃貸人に賃料等の損害賠償をした事案につき、賃貸人は化学物質過敏症の発症を予見し、対応することは期待不可能であるから過失はないとして請求を否定した。

▶賃借建物 ⇒ 賃料－請求額(77万円)・認容額(0円)、礼金－請求額(42万円)・認容額(0円)、ピアノ補修分工事費－請求額(14万9350円)・認容額(0円)、家事等運搬費－請求額(19万3387円)・認容額(0円)、電気料金費－請求額(3万6511円)・認容額(0円)、車庫証明代費用－請求額(1万6100円)・認容額(0円)、来客用駐車場賃料－請求額(2万4000円)・認容額(0円)、カーテンリフォーム代－請求額(17万5100円)・認容額(0円)、医療費－請求額(1万4210円)・認容額(0円)、電気関係設備工事費－請求額(33万円)・認容額(0円)、植木植栽費用－請求額(7万3900円)・認容額(0円)、内装設備工事費－請求額(35万8893円)・認容額(0円)

③ 東京地判平成6年12月16日判タ891号139頁

　地主から土地を借りてマンション建築計画が、借地人・保証人（事前求償権者）により破棄され、マンション建設計画が頓挫したという事案につき、マンション建築計画のパートナー（主債務者）から借地人（保証人）に対する損害賠償請求を認めるも、新築マンションの所有権及び借地権喪失による損害金1億40万円の請求については、保証人が破棄したこととの間には相当因果関係がないとして否定した。

▶マンション ⇒ 借地権喪失－請求額(1億40万円)・認容額(0円)

④ 東京地判平成6年1月24日判時1517号66頁

　建築確認通知書が発行された後に契約を締結する等を取り決めた協定を結んだ事案につき、当事者の一方が契約の締結を拒否した場合には信義則違反

として売主がリゾートマンション設計費用として支払った金額の8割の賠償義務を負うとしたが、地主に対する対策費は損害として否定した。

▶リゾートマンション ⇒ **地主に対する特別対策費－請求額(7702万8996円)・認容額(0円)**

⑤　東京地判平成5年7月26日判時1488号116頁

　工場の建物の賃借人（直接占有者）が設置したたたみ機は土地工作物に該当するとし、これが原因となった出火事故については賃借人（直接占有者）たる工場経営者の工作物責任が認められる。しかし、賃貸人（間接占有者）である被告は民法717条1項の「占有者」に該当するが「間接占有者の責任は直接占有者が免責される場合に所有者に先だって損害賠償責任を負うという二次的責任である」から、本件においてはそのような主張立証がない以上、賃貸人の工作物責任はないとして、賃借権滅失に基づく3500万円の損害金の請求を否定した（土地工作物責任に関して失火責任法の適用を否定している）。

▶工場 ⇒ **賃借権滅失に基づく損害金－請求額(最高)(3500万円)・認容額(0円)－原告7名**

# 第5節　区分所有法関係

## 1 管理費

**Q** 区分所有建物について、建築紛争を含めた不動産に関する紛争において、管理費の請求に関する特徴にはどのようなものがあるのでしょうか。

**A** 瑕疵及び瑕疵に対する責任が肯定される場合については、管理費も損害として認められる。もっとも、本来管理費は管理組合の構成員（区分所有者）であれば必ず生ずるものであるので、居住していた場合には損害として否定される可能性があるが、 肯定例 〈①東京地判H17・12・5〉については居住ができなかったことから損害として認めたものと思われる。

なお、違約金の定め（損害賠償額の予定）が存在するにも関わらず、管理費用については事務管理に基づく費用償還請求に基づいて請求を認めている点は参考になる（ 肯定例 〈②東京地判H5・12・16〉）。

### 肯定例

瑕疵及び瑕疵に対する責任が肯定される場合については、既に支払った管理費も損害として認められる。

#### ① 東京地判平成17年12月5日判時1914号107頁

分譲マンションの売買契約において環境物質対策基準に適合した住宅との表示であったにもかかわらず、いわゆるシックハウスであり、厚生省指針値のホルムアルデヒド濃度を超えないよう抑える措置を怠ったという瑕疵が存在するとし、売主の瑕疵担保責任を肯定し、原告が支払った管理費を損害と

して認めた。

▶マンション ⇒ 管理費－請求額(不明)・認容額(不明)
(支払を裏付ける証拠が存する部分については請求を認容)

② 東京地判平成5年12月16日判タ849号210頁
　転売目的の鉄筋コンクリート造マンション売買契約において、建築基準法上の完了検査済証を交付することが予め特約として定められていたにもかかわらず交付できなかった事案につき、完了検査済証がない場合の不都合等も斟酌して買主からの解除請求を認めたが、違約金の定め（代金の20％）がありこの損害賠償額の予定の推定を覆す反証がないことから違約金以外の賠償請求を否定するも、解除の翌月からの区分所有建物の管理費については、事務管理に基づく費用償還請求につき請求額578万2058円のうち288万4352円の請求を認めた。

▶鉄筋コンクリート造マンション ⇒ 管理費－請求額(578万2058円)・認容額(288万4352円)

③ 大阪地判平成5年12月9日判時1507号151頁
　眺望を売り物にしてマンションを分譲した売主が、この眺望を侵害するマンションが隣接地に建設されることを知りつつこの敷地を第三者に売却した行為が買主に対する不法行為になるとして、眺望侵害された買主からの賠償請求を一部認め、慰謝料請求は否定したが財産的損害と弁護士費用の一部及び管理費として最高15万円の損害を認めた。

▶マンション ⇒ 管理費－請求額(50万円)・認容額(6万円～15万円)(原告21名)

否定例

　瑕疵及び瑕疵に対する責任が否定される場合、管理費も損害としては認められない。

○ 東京地判平成 23 年 6 月 14 日判時 2148 号 69 頁

　区分所有建物につき、建築基準法違反があるために店舗としての利用が不可能であるとして、売主・仲介業者らに対し債務不履行、不法行為責任を追及し、係争期間として予想される期間の管理費等（管理費から賃料収入として認める金額を控除した金額）を請求した事案につき、契約の目的を達成できない状況にはないとして売主らの責任を否定し請求を棄却した。

▶マンション ⇒ 管理費等－請求額(529万2224円)・認容額(0円)

## 2 修理費用(補修費用)

> Q マンション(区分所有建物)の建築瑕疵における修理費用の支払に関する傾向はどのようなものでしょうか。

> A マンション専有部分に属する部分については買主のみ補修請求が可能であり、共有部分は管理組合が監督権限を持つ。その意味でマンション内の排水管の枝管については共用部分に該当するとして、管理組合に対して修理費用の賠償請求を認めた点は参考になる( 肯定例 〈②最判 H12・3・21〉)。また、マンションの漏水について管理組合の管理義務違反を認め、修繕費用の賠償を肯定したものもあり、参考になる( 肯定例 〈①東京地判 H20・3・27〉)。

肯定例

マンション内の排水管の枝管については共用部分に該当するとして、修理費用の賠償請求を認めたもの、マンションの漏水について管理組合の管理義務違反を認め、修繕費用の賠償を肯定したものがある。

### ① 東京地判平成 20 年 3 月 27 日判例秘書 L06331989

管理組合の管理するマンションの一戸を、販売業者から購入したところ、この建物に浸水事故が生じたとして、販売業者に対して瑕疵担保責任に基づく損害賠償を、管理組合に対して管理義務違反に基づく損害賠償を求めた事案において、マンションの地中躯体壁に漏水が生じる瑕疵も本件売買契約の目的物の瑕疵に当たるとして瑕疵担保責任があるとし、この損害について管理組合には、管理義務違反があるとして、買主が負担した調査費用合計 121 万 4100 円及び漏水対策工事費用 226 万 0650 円の請求を認めた。

▶マンション ⇒ 調査費用－請求額（121万4100円）・認容額（121万4100円）、漏水対策工事費用－請求額（226万0650円）・認容額（226万0650円）

② 最判平成12年3月21日判時1715号20頁

　マンションの特定の専有部分の汚水だけが流れる排水管の枝管からの漏水事故によって下階の区分所有者から損害賠償請求を受け、これを支払った上階所有者がその賠償額（修理費用）を管理組合に求償した事案につき、枝管といえども「専有部分に属しない建物の附属物にあたり、かつ、共用部分に当たる」として管理組合に対して12万7200円の支払請求を認めた。

▶マンション ⇒ 共用部分の修理費用－請求額（12万7200円）・認容額（12万7200円）

## 3 駐車料金

> Q 区分所有建物の建築紛争における駐車料金の支払に関する傾向はどのようなものでしょうか。

> A マンションに管理組合が設立された場合は、駐車場の使用契約の地位は分譲業者から管理組合に移転すると考えられ、駐車料金は管理組合に帰属すると判断されたものは参考になる（ 肯定例 〈②福岡地小倉支判 H6・2・1〉）。また競売により区分所有権を引き受けた者について、管理組合からの前主の滞納分の駐車料金の請求を肯定したもの（ 肯定例 〈①東京地判 H20・11・27〉）、駐車場部分については構造上の独立性が認められないとして区分所有者から駐車料金を受領した管理組合に対する請求を否定したものは参考になる（ 否定例 〈①東京地判 H26・10・28〉）。

肯定例

マンションに管理組合が設立された場合は、駐車場の使用契約の地位は分譲業者から管理組合に移転すると考えられ、駐車料金は管理組合に帰属すると判断されたものがある。

① 東京地判平成 20 年 11 月 27 日判例秘書 L06332517

マンションの管理組合が、マンションの区分所有者が駐車場賃料及び駐輪場賃料を滞納した後に同区分所有者から区分所有権を不動産競売により取得した者に対し、滞納分の駐車場及び駐輪場の各賃料とその遅延損害金の各支払を認めた。

▶マンション ⇒ 駐車料金－請求額（10万800円）・認容額（10万800円）

② 福岡地小倉支判平成6年2月1日判タ876号186頁

　マンション分譲業者が専有使用権付駐車場の権利を一部の区分所有者に売却した事案につき、分譲業者はマンションの各購入者から管理委託を受けているものであり、管理組合が設立された段階で駐車場の使用契約の地位は管理組合に移転するものであるから、分譲業者が取得した駐車料金については管理組合に帰属するものであるとして組合へ2440万円の支払を命じた。

▶マンション ⇒ 駐車料金－請求額(2440万円)・認容額(2440万円)

**否定例**

　駐車場部分については構造上の独立性が認められないとして、区分所有者からの駐車料金を受領した管理組合に対する請求を否定したものなどがある。

○　東京地判平成26年10月28日判時2245号42頁

　マンションの1階部分の一部につき、駐車場として利用してきた区分所有者が、この部分を管理組合が第三者に駐車場として賃借し、駐車料金を受領していることは、専有部分を侵害し、不当利得にあたるとして、この部分の引渡しとともに不当利得返還を求めた事案につき、駐車場部分は構造上の独立性を有さず、マンションの共用部分に当たるとして請求を否定した。

▶マンション ⇒ 駐車料金－請求額(389万円)・認容額(0円)

# 第6節　弁護士費用

## 1　弁護士費用

Q　建築紛争を含めた不動産に関する紛争における弁護士費用の請求に関する傾向はどのようなものでしょうか。

A　建築紛争においても交通事故の場合と同様に損害賠償額として認容された金額の約1割の金額を弁護士費用として認める傾向にある。
　瑕疵担保責任の賠償義務の範囲を信頼利益に限るとして否定した 否定例 〈④神戸地判H9・9・8〉並びに施工業者が調査する旨の対応をしたにも関わらずこれを注文者が拒否したことで弁護士費用については損害との因果関係を否定した 否定例 〈⑥東京地判H4・12・21〉が参考になる。

肯定例

　建築紛争においても交通事故の場合と同様に損害賠償額として認容された金額の約1割の金額を弁護士費用として認める傾向にあるものの、1割に満たないケースもある（〈④東京地判H10・5・13〉）。

① 　京都地判平成26年9月17日判時2249号72頁
　マンションの建築工事の土地掘削工事によって、隣接する建物に不同沈下・変形が生じたとして、工事の請負人及び注文主に不法行為に基づく損害賠償を求めたのに対し、共同不法行為責任が認められるとして、弁護士費用として認容額のうち1割にあたる限りで支払請求を認めた。
▶鉄筋コンクリート造マンション ⇒ 弁護士費用－請求額（1680万円）・認容額（44万円）

② 大津地判平成 24 年 12 月 4 日判例秘書 L06750622
　市が管理する市道を原動機付自転車で走行中、市道上の段差でハンドルを取られて転倒、負傷したのは、市道の設置管理上の瑕疵であるとして損害賠償を求めた事案につき、営造物の管理上の瑕疵を認め、損害額 1177 万 1627 円の支払を命じて、その 1 割たる 120 万円を弁護士費用として認めた。

▶市道 ⇒ 弁護士費用－請求額(245万9986円)・認容額(120万円)

③ 大阪地判平成 21 年 8 月 31 日判時 2068 号 100 頁
　壁面吹き付け材にアスベストが含有された建物で勤務していた原告が悪性胸膜中皮腫に罹患し、死亡したことについて、同建物の建物賃貸人兼所有者に民法 717 条 1 項の工作物責任を認め、損害額の 1 割たる 450 万円を弁護士費用と認めた。

▶建物 ⇒ 弁護士費用－請求額(666万円)・認容額(450万円)

④ 東京地判平成 10 年 5 月 13 日判時 1666 号 85 頁
　売買の対象となった雑居ビル建物に瑕疵が存在したことにつき、仲介業者とそれ以外に仲介的役割を果たした銀行や税理士の告知義務違反に基づく不法行為責任を連帯して認め、弁護士費用として請求額 5000 万円のうち 1000 万円の範囲で支払請求を認めた。

▶雑居ビル ⇒ 弁護士費用－請求額(5000万円)・認容額(1000万円)

⑤ 神戸地判平成 10 年 2 月 27 日判時 1667 号 114 頁
　市立中学のプールでの飛び込み事故につき、プールの設置管理に瑕疵があったとして被害者の市に対する国家賠償請求を認め、弁護士費用として請求額 1500 万円のうち 640 万円を認めた。

▶プール ⇒ 弁護士費用－請求額(1500万円)・認容額(640万円)

⑥　山形地判平成9年8月5日判時1642号30頁

　地下水道管工事中に発生したガス爆発死亡事故につき、LPガス配管の腐食が原因であるとしてガス会社の雑居ビル被害者に対する工作物責任を認め、弁護士費用として請求額800万円のうち449万円の請求を認めた。

▶雑居ビル ⇒ 弁護士費用－請求額(800万円)・認容額(449万円)

⑦　福岡地判平成5年3月26日判時1459号60頁

　炭鉱の爆発事故につき、坑道の保存に瑕疵があったとして被害者（原告42名）の雇い主である会社に対して工作物責任を認め、弁護士費用とし慰謝料の1割相当額の請求を認めた。

▶坑道 ⇒ 弁護士費用－請求額(最高450万円)・認容額(慰謝料認容額の1割)

⑧　大阪高判平成元年2月17日判時1323号68頁

　不等沈下が発生した鉄骨造建物の瑕疵につき、工事業者と設計監理事務所の注文者に対する瑕疵担保責任を連帯して認め、弁護士費用としては認容額のほぼ1割の金額の支払義務を認めた。

▶鉄骨造共同住宅 ⇒ 弁護士費用－請求額(281万4000円・446万9000円)・認容額(278万40円・427万3000円)(2棟分)

### 否定例

　因果関係や責任が否定される場合には、弁護士費用も損害として否定されている。なお、施工業者からの対応を注文者が拒否していたことから弁護士費用の請求を否定した〈⑥東京地判H4・12・21〉は参考になる。

① 東京地判平成26年10月31日判時2247号44頁

　地震による土地の液状化のために建物が傾くなどの被害について、土地と建物を共に購入した買主が土地分譲会社及び建物の建築会社に対し不法行為

及び瑕疵担保責任に基づく損害賠償を求めたが、予見可能性がないとして責任を否定した。

▶土地建物 ⇒ 弁護士費用－請求額(435万1543円)・認容額(0円)

② 札幌地裁小樽支判平成25年10月28日判時2212号65頁

町の公共工事（下水道工事）により自己の住宅が傾斜したとして、町に対して国家賠償請求及び同公共工事を施工した業者に対して共同不法行為に基づく損害賠償請求をした事案につき、建物の不等沈下と工事との間の因果関係を肯定するに足りる証拠はないとして請求を棄却した。

▶一戸建て建物 ⇒ 弁護士費用－請求額(190万584円)・認容額(0円)

③ 東京地判平成18年6月21日判例秘書L06132440

賃貸マンションにおいて、カビが発生し、退去を余儀なくされ、損害を被ったとして、賃借人及び入居者らが賃貸人に対して損害賠償を求めた事案について、本件居室内に発生したカビが本件居室の構造上ないし機能上の欠陥から生じたものであると推認することはできないとし、賃借人の本件マンションが締め切って演奏を行う音楽用マンションであることから通常のマンション以上の換気性能が要求されるとの主張についても、本件マンションは居住用マンションであり、24時間締め切って演奏活動を行うことは予定されてないとして、請求を棄却した。

▶音楽家用マンション ⇒ 弁護士費用－請求額(40万円)・認容額(0円)

④ 神戸地判平成9年9月8日判時1652号114頁

傾斜地に建築した鉄筋コンクリート造建物に発生した浸水現象につき、契約の目的を達成できない「隠れたる瑕疵」に該当するとして買主からの解除を認めるも、売主の賠償義務の範囲は信頼利益の範囲に限るとして弁護士費用の請求を否定した。また売主からの注文を受けた施工業者（請負人）の買主に対する使用者責任については「積極的な加害意思がある」など特段の事

情がない場合には賠償請求できないとした。ただし、最判平成23年7月21日参照。

▶**鉄筋コンクリート造建物 ⇒ 弁護士費用－請求額（1000万円）・認容額（0円）**

⑤　**東京地判平成6年3月29日判タ868号217頁**
　高齢（75歳）かつ障害を持つ注文者が、自動ドアの開閉に伴う事故によって傷害を負ったことから当該マンションの建設業者たる請負人に対して賠償請求をした事案につき、瑕疵の存在を否定して弁護士費用の請求その他を棄却した。

▶**マンション ⇒ 弁護士費用－請求額（300万円）・認容額（0円）**

⑥　**東京地判平成4年12月21日判タ843号221頁**
　鉄骨・店舗建物の建築につき、注文者との間で工事の監理契約を締結した者の責任は、債務不履行責任は、建築請負人の瑕疵担保責任が除斥期間の経過によって消滅した時にはそれと同時に消滅するとして、注文者からの施工者と監理者に対する賠償請求の一部を否定して、それぞれ修繕費用の一部を認めた。ただし弁護士費用については施工業者が調査する旨の対応をしたにもかかわらずこれを注文者が拒絶していた事実があることから、損害との間の相当因果関係が否定され請求が認められなかった。

▶**鉄骨・店舗建物 ⇒ 弁護士費用－請求額（600万円）・認容額（0円）**

⑦　**仙台地平成4年4月8日判時1446号98頁**
　地震によって地盤に亀裂、陥没などが発生し、それによって建物の倒壊等の事故が発生した事案につき、被害者（買主）の売主（宅地造成業者）、国、県、市に対する損害賠償請求がすべて否定され、弁護士費用の請求も認められなかった。

▶**建物 ⇒ 弁護士費用－請求額（169万8000円）・認容額（0円）**

# 第7節　その他

> **Q** 建築紛争を含めた不動産に関する紛争において、不動産の瑕疵によりけがを負った場合の治療費、入院費、通院交通費等の支払についての傾向はどのようなものでしょうか。

> **A** 責任が肯定され、当該責任と損害との間に相当因果関係が認められる場合には、請求が肯定される。一方で、そもそも責任が否定される場合、相当因果関係の認められない場合には、請求は否定される。

### 肯定例

　責任が肯定され、当該責任と損害との間に相当因果関係が認められる場合には、請求が肯定されており、損害としては、治療費、入院費等のほか、死亡の場合の葬儀費用（〈②大阪地判H21・8・31〉、〈⑦旭川地判S62・6・16〉）、家屋改造費（〈④神戸地判H10・2・27〉）までをも認めたものがある。

① **大津地判平成24年12月4日判例秘書L06750622**
　市が管理する市道を原動機付自転車で走行中、市道上の段差でハンドルを取られて転倒、負傷したのは、市道の設置管理上の瑕疵であるとして損害賠償を求めた事案につき、営造物の管理上の瑕疵を認め、治療費、入院雑費、通院交通費、治療関係費を損害として認定し、請求を認めた。

▶**市道 ⇒ 治療費−請求額（59万1526円）・認容額（59万1526円）、入院雑費−請求額（23万8500円）・認容額（23万8500円）、通院交通費−請求額（4800円）・認容額（4800円）、治療関係費−請求額（5000円）・認容額（5000円）**

② 大阪地判平成 21 年 8 月 31 日判時 2068 号 100 頁

　壁面吹き付け材にアスベストが含有された建物で勤務していた原告が悪性胸膜中皮腫に罹患し、死亡したことについて、同建物の建物賃貸人兼所有者に民法 717 条 1 項の工作物責任を認め治療関係費、入院雑費、通院交通費、器具購入費、葬儀関係費用の請求を認めた。

▶建物 ⇒ 治療関係費－請求額（632万1679円）・認容額（505万3711円）、通院付添費及び自宅付添費－請求額（23万7000円）・認容額（0円）、入院雑費－請求額（23万7900円）・認容額（23万7900円）、通院交通費－請求額（45万4518円）・認容額（45万4118円）、器具購入費－請求額（10万525円）・認容額（1万1380円）、葬儀関係費用－請求額（354万7563円）・認容額（150万円）

③ 札幌地判平成 11 年 11 月 17 日判時 1707 号 150 頁

　大規模ショッピングセンターの屋外階段に氷が付着していたことから転倒してけがをした事案につき、被害者に対する同店舗の所有者の工作物責任及び管理会社の不法行為責任を認め、治療費、入院雑費、通院交通費の一部の賠償請求を認めた。

▶ショッピングセンター ⇒ 治療費－請求額（202万4253円）・認容額（105万5532円）、入院雑費－請求額（15万4700円）・認容額（7万4100円）、通院交通費－請求額（4万9300円）・認容額（6960円）

④ 神戸地判平成 10 年 2 月 27 日判時 1667 号 114 頁

　市立中学のプールでの飛び込み事故につき、木造・プールの設置管理に瑕疵があったとして被害者の市に対する国家賠償請求を認め、入院中の治療費等の請求を認めた。

▶プール ⇒ 入院中の治療費－請求額（53万4744円）・認容額（53万4744円）、退院後の治療費－請求額（262万5084円）・認容額（207万1200円）、療養雑費－請求額（1192万7482円）・認容額（976万9809円）、付添看護費用－請求額（6945万5120円）・認容額（4649万5160円）、

家屋改造費－請求額（3406万8562円）・認容額（1500万円）、自動車代－請求額（237万29円）・認容額（237万29円）、車椅子・ベッド代等－請求額（46万4245円）・認容額（46万4245円）

⑤　東京地判平成8年12月26日判時1624号109頁

　道路工事現場における陥没箇所に自転車の前輪を取られて転倒して死亡した事故につき、工事業者及び下請業者とともに発注者である県の指図の過失を認めて連帯責任を認定し、葬儀費用として120万円を認めた。

▶道路工事現場 ⇒ 葬儀費用－請求（120万円）・認容額（120万円）－原告5名

⑥　大阪高判平成6年4月28日判タ878号172頁

　市が設置管理するゴミ処理プラントで発生した技師の負傷事故につき、ゴミ処理プラント設備を製造したメーカーの不法行為責任と市の営造物責任を連帯して認め、付添看護費などを認めた。

▶ゴミ処理プラント ⇒ 付添看護費－請求額（3346万7580円）・認容額（2475万8497円）、自動車購入費・改修費－請求額（858万9204円）・認容額（349万6291円）、通院交通費－請求額（21万580円）・認容額（21万580円）、文書料－請求額（1万1650円）・認容額（1万1650円）、家屋改修費－請求額（843万5136円）・認容額（353万7358円）－原告3名

⑦　旭川地判昭和62年6月16日判時1250号111頁

　11歳の少年がスキー場のゲレンデを滑っている最中にゲレンデの照明塔支柱に激突して亡くなった事件について、スキー場を経営する会社の工作物責任を認め、葬儀費用として50万円を認めた。

▶照明塔 ⇒ 葬儀費用－請求金額（100万円）・認容額（50万円）

⑧　浦和地判昭和61年11月26日判タ648号220頁

　工事中の道路における道路における道路工事現場のバリケード用ロープ

に、早朝高校生が自動二輪車で侵入して発生した事故につき、道路管理者である市の営造物責任を認め、治療費、差額ベッド料、入院保証金、胸パット費の賠償請求を認めた。

▶道路工事現場 ⇒ 治療費−請求額(696万245円)・認容額(696万245円)、差額ベッド料−請求額(284万1700円)・認容額(284万1700円)、入院保証金−請求額(13万円)・認容額(13万円)、胸パット費−請求額(2万円)・認容額(2万円)

### 否定例

予見可能性がないまたは瑕疵がないとして責任が否定される場合、相当因果関係の認められない場合には請求は否定される。地震による土地液状化について予見可能性がないとした〈①東京地判H26・10・31〉、玄関ドアの閉扉速度の調整義務違反を否定した〈③東京地判H7・11・15〉、ビル管理を子会社に委託している所有会社及びエスカレーターの保守点検を委託された会社は民法717条占有者に該当しないと判断した〈⑤岡山地判H6・1・25〉、デパート屋上からの飛び降り自殺に関してデパートの工作物責任を否定した〈⑥浦和地判H5・1・29〉が特に参考になる。

① 東京地判平成26年10月31日判時2247号44頁

地震による土地の液状化のために建物が傾くなどの被害について、土地と建物を共に購入した買主が土地分譲会社及び建物の建築会社に対し不法行為及び瑕疵担保責任に基づく損害賠償を求めたが、予見可能性がないとして責任を否定し、家の傾きによるめまい等によって生じた治療費につき請求を否定した。

▶土地建物 ⇒ 治療費−請求額(8150円)・認容額(0円)

② 津地裁四日市支判平成25年3月29日判時2186号67頁

原動機付自転車に乗っていた原告が陥没した道路に転落・負傷したとして、

道路管理者の責任を追及したのに対し、道路管理者に予見可能性がなく、何らかの措置を講ずべき義務があったとは認められないとして、管理上の瑕疵が否定され、治療費等請求が認められなかった。

▶道路 ⇒ 治療費－請求額(95万2140円)・認容額(0円)、付添費(42万2500円)・認容額(0円)、入院雑費－請求額(9万7500円)・認容額(0円)、交通費－請求額(11万2000円)・認容額(0円)

③　東京地判平成7年11月15日判タ912号203頁
　11歳の少年が玄関ドアに小指をはさまれて切断した事故に関して、マンションの売主、建築業者、ドア取り付け業者に対してドアの閉扉速度の調整義務違反を根拠とする損害賠償請求がなされた事案につき、債務不履行責任及び不法行為責任をすべて否定し、治療費関係の請求を否定した。

▶マンション ⇒ 治療関係費－請求額(84万8466円)・認容額(0円)

④　東京地判平成6年3月29日判タ868号217頁
　高齢(75歳)かつ障害を持つ注文者が、自動ドアの開閉に伴う事故によって傷害を負ったことから当該マンションの建設業者たる請負人に対して損害賠償をした事案につき、瑕疵の存在を否定して治療費その他の賠償請求を否定した。

▶マンション ⇒ 治療費－請求額(68万380円)・認容額(0円)、付添費用－請求額(963万1133円)・認容額(0円)、将来の付添費－請求額(3236万6474円)・認容額(0円)、入院雑費－請求額(5万2800円)・認容額(0円)

⑤　岡山地判平成6年1月25日判タ860号212頁
　鉄骨・雑居ビルのエスカレーターでの子供の事故につき、ビル管理を子会社に委託している所有会社及びエスカレーターの保守点検を委託された会社は、民法717条の占有者には該当しないとして、被害者とその両親からの工作物責任に基づく治療費1万4240円、通院付添費4万5000円ほかの請求を

否定した。

▶鉄骨・雑居ビル（エスカレーター）⇒ 治療費－請求額（1万4240円）・認容額（0円）、通院付添費－請求額（4万5000円）・認容額（0円）

⑥　浦和地判平成5年1月29日判タ816号221頁

　デパートの屋上からの飛び降り自殺に巻き込まれて負った負傷につき、デパートの工作物責任を否定して、各項目の損害賠償請求をすべて否定した。

▶鉄骨・デパート ⇒ 治療費－請求額（449万4232円）・認容額（0円）、入院中の雑費－請求額（82万9472円）・認容額（0円）、アキシール（小便袋）代－請求額（1412万8098円）・認容額（0円）、装具代－請求額（30万6284円）・認容額（0円）、車椅子代－請求額（34万5240円）・認容額（0円）、貸しベッド代－請求額（13万8020円）・認容額（0円）、家屋改造費－請求額（3030万円）・認容額（0円）、交通費－請求額（126万5580円）・認容額（0円）、医者に対する謝礼－請求額（88万円）・認容額（0円）、付添費－請求額（4147万2447円）・認容額（0円）

⑦　富山地高岡支判平成2年1月31日判時1347号103頁

　スキー場での夜間のそり使用中にリフト鉄塔に衝突した事故につき、スキー場経営者及びそり販売業者の債務不履行責任及び不法行為責任を否定し、治療費等の請求ほかを否定した。

▶リフト鉄塔 ⇒ 治療費－請求額（24万9770円）・認容額（0円）、付添費用－請求額（22万5610円）・認容額（0円）、入院雑費－請求額（19万5000円）・認容額（0円）、交通費・宿泊費－支給額（16万円）・認容額（0円）

第2章

# 消極損害

## 第1節　休業損害

### 1　休業損害

> **Q** 店舗等雑居ビルの上階の改装工事中に漏水事故が発生し、下の階の私のレストランも水浸しになってしまい、店の営業が全くできない状況となってしまいました。このような事案での休業損害は可能ですか。またその他の事例でも休業損害について実務的な傾向はどのようなものがあるのでしょうか。

> **A** 建物の瑕疵や事故が原因で下階のレストランの営業ができなくなった場合、その間の「得べかりし利益」の損害が生じていることから、休業損害につき賠償請求ができる。
> 　一般的に、休業損害とは事故による傷害等のため休業または不十分な就労を余儀なくされ、その治癒または症状固定の時期までの間に得べかりし利益を得られなかったことによる損害を意味する。
> 　基本的には事故前の収入を基礎とする現実の収入減少を補償するものであり、休業に限らず、遅刻、早退、労働力の低下などにより喪失した収入減少の補償も広く含まれる。

#### 肯定例

　休業損害については、既に交通事故の損害賠償基準において算出方法がある程度確立していることに加え、ケースに応じて修理期間として合理的に認められる範囲の損害の賠償が認められている。

　なお、金額算定に参考になるものとして工事の請負人及び注文者に寄与率2割の限度で責任を認めた〈①京都地判H26・9・17〉、運転者に3割の過失割合を認めた〈③大津地判H24・12・4〉、賃借人に損害を回避または減少させることができたと解される時期以降に被ったすべての損害を通常損害

（民法 416 条 1 項）とみなした〈⑤最判 H21・1・19〉、損害賠償額の算定時期を本来の補修請求時を基準とするも、損害が拡大している場合には公平の観点から請求時から 6 か月経過した時点を基準として修理期間 6 か月の休業損害を認めた〈⑨仙台高判 H4・12・8〉がある。

① 京都地判平成 26 年 9 月 17 日判時 2249 号 72 頁
　地上 12 階建鉄筋コンクリート造マンション建築のための敷地掘削工事に伴い、隣接する木造建物に生じた不同沈下・変形につき、工事の請負人及び注文主に、寄与率 2 割の限度で共同不法行為責任を認め、呉服京染の販売等を業とする原告につき 260 万 1989 円の休業損害を認めた。

▶鉄筋コンクリート造マンション ⇒ 休業損害－請求額(7130万9466円)・認容額(260万1989円)

② 大阪高判平成 26 年 2 月 27 日高民 67 巻 1 号 1 頁・判タ 1406 号 115 頁・判時 2236 号 72 頁
　アスベスト吹き付け建材を使用した建物で就労していた男性が悪性胸膜中皮腫に罹患し、死亡したことについて、建物賃貸人兼所有者に民法 717 条 1 項の工作物責任を認めた。

▶店舗兼倉庫 ⇒ 休業損害－請求額(815万3589円)・認容額(815万3589円)

③ 大津地判平成 24 年 12 月 4 日判例秘書 L06750622
　大津市が管理する市道を原動機付自転車で走行中、市道上の段差でハンドルを取られて転倒、負傷した事故につき、原告にも相当程度の注意を払うべきであったといえるとして原告に 3 割の過失割合を認め、酪農業を自営する原告に 402 万 3483 円の休業損害を認めた。

▶市道 ⇒ 休業損害－請求額(841万285円)・認容額(402万3483円)

④ 東京高判平成 23 年 12 月 14 日判例秘書 L06620601
　深夜、市が管理する市道を原動機付自転車で走行中、道路工事のためにマ

ンホール近くが沈下していたことから転倒して受傷する事故に遭い、さらにその後の市の対応が不適切であったため十分な治療を受けることが出来なかったことから、職場の工場内で転倒して受傷する事故を惹起し、これによって後遺障害を負ったと主張して国家賠償法に基づき損害賠償等の支払を求めたことにつき、25 万 6732 円の休業損害を認めた。

▶市道 ⇒ 休業損害－請求額(不明)・認容額(25万6732円)

⑤　最判平成 21 年 1 月 19 日民集 63 巻 1 号 97 頁・判タ 1289 号 85 頁・判時 2032 号 45 頁

　ビルの店舗部分を賃借してカラオケ店を営業していた賃借人が、同店舗部分に発生した浸水事故にかかる賃貸人の修繕義務の不履行により同店舗部分で営業することができず、営業利益相当の損害を賠償請求したことについて、賃借人が損害を回避または減少させる措置をとることができたと解される時期以降に被った損害のすべてが民法 416 条 1 項にいう通常生ずべき損害に当たるということはできないとされた。

▶カラオケ店舗 ⇒ 休業損害－請求額(不明)・認容額(不明)(破棄差戻し)

⑥　東京地判平成 11 年 6 月 25 日判時 1717 号 97 頁

　隣接地の建物新築工事によって自己所有雑居ビルに亀裂などが生じたことについて隣接建物の所有者（注文者）、請負人、設計監理事務所に対して賠償請求した事案につき、所有者（注文者）の責任を否定し、他の 2 者について連帯して賠償義務を認め、補修工事に伴う賃借人に対する営業補償費用として 100 万円の請求を認めた。

▶雑居ビル ⇒ 営業補償－請求額(450万円)・認容額(100万円)

⑦　東京地判平成 9 年 2 月 10 日判時 1623 号 103 頁

　居住者を訪問した第三者が、雑居ビル外階段が倒壊して転落した事故につき、外観や建築時から 13 年間倒壊の予兆もなかったことからアパートの管

理人の工作物責任を否定するものの所有者の工作物責任は認め、休業損害については 63 万 3114 円の範囲で認めた。

▶**雑居ビル** ⇒ **休業損害－請求額(430万6130円)・認容額(63万3114円)**

⑧ 東京地判平成 5 年 10 月 25 日判時 1508 号 138 頁

取引先の工場・倉庫内の作業用エレベーターからの転落事故につき、工場所有者の被害者に対する工作物責任を認め、休業損害については請求額 830 万 6824 円のうち 612 万 9005 円の範囲で請求を認めた。

▶**エレベーター** ⇒ **休業損害－請求額(830万6824円)・認容額(612万9005円)**

⑨ 仙台高判平成 4 年 12 月 8 日判時 1468 号 97 頁

請負業者からの残代金支払請求に対して、注文者からの飲食店修補に代わる損害賠償請求権に基づく相殺の主張を認め、損害賠償額の算定時期としては本来修補請求時を基準とするも、損害が拡大している場合には公平の観点から請求時から 6 か月経過した時点を基準とし、修理期間 6 か月分の休業損害を認めた。

▶**飲食店** ⇒ **休業損害－請求額(3350万円)・認容額(384万円)**

⑩ 大阪高判平成 3 年 8 月 29 日判時 1410 号 69 頁

雑居ビル地下 1 階の店舗に発生した漏水による被害につき、地下 1 階の店舗の賃貸人に対する債務不履行責任と上階(1 階)の賃借人(占有者)にも保存に瑕疵があったことを原因とする工作物責任を競合して認め、両者は不真正連帯債務の関係にあるとして、ホステス従業員休業相当額として 683 万円と店の逸失利益 116 万 6000 円の賠償を認めた。

▶**雑居ビル** ⇒ **休業損害－請求額(116万6000円)・認容額(116万6000円)、ホステス従業員給与分－請求額(1138万3757円)・認容額(683万円)**

## ⑪ 東京地判平成3年5月30日判時1400号58頁

マンションの工事現場において足場が強風によって落下し、舞台俳優が負傷した事案につき、休業損害としての1635万5000円の請求に対して869万3000円の範囲でこれを認めた。

▶マンション ⇒ 休業損害－請求額(1635万5000円)・認容額(869万3000円)

## ⑫ 横浜地判平成3年3月25日判時1395号105頁

パン焼き機は工場に設置された設備として木造・共同住宅・店舗建物と一体となった工作物にあたり、その排気筒に火災防止設備を充分に施していなかったことは設置保存に瑕疵があり、工作物から直接発生した火災による損害については失火責任法の適用が排除され、下階の賃借人であるパン製造販売業者の上階賃借人に対する工作物責任を認め、休業損害として211万5884円の請求を認めた。

▶木造・共同住宅・店舗建物 ⇒ 休業損害－請求額(333万1770円)・認容額(211万5884円)

### 否定例

営業廃止との間の因果関係を否定した〈③東京地判H5・4・26〉、喫茶店の営業ができないほどではなかったとして否定した〈⑥東京地判H4・4・27〉は参考になる。

## ① 東京地判平成20年3月12日判タ1295号242頁

房総半島の海岸に建築されたプレハブ式の倉庫の建築請負契約について、倉庫の瑕疵により本件倉庫がカビに汚染され、原告の商品は不良品であるという風評が立ち、原告は営業を行うことができなくなったことによる営業損害について、債務不履行等の責任原因との間に因果関係がないとしてこれを否定した。

▶倉庫 ⇒ 営業損害－請求額(3718万7975円)・認容額(0円)

② 札幌地判平成11年11月17日判時1707号150頁

　大規模ショッピングセンターの店外階段における雪による凍結に基づく転倒事故につき、店舗の所有会社の工作物責任及び管理会社の不法行為責任を連帯して認めたが、休業損害の賠償義務については収入がなかったことから否定した。

▶ショッピングセンター ⇒ 休業損害－請求額(263万4000円)・認容額(0円)

③ 東京地判平成5年4月26日判時1413号74頁

　店舗等雑居ビル2階の改装工事によって生じた漏水事故につき、施工業者の従業員の施工ミスによる1階の焼肉店経営者に対する使用者責任を認めるも、賠償範囲は修理費用の限度とし、営業廃止との間には因果関係はないとして休業損害の請求を否定した。また2階の賃貸人及び注文者である賃借人の責任を否定した。

▶雑居ビル ⇒ 休業損害－請求額(268万6433円)・認容額(0円)

④ 浦和地判平成5年1月29日判タ816号221頁

　デパートの屋上からの飛び降り自殺に巻き込まれて負った負傷につき、デパートの工作物責任を否定して、休業損害としての28万0288円の請求を棄却した。

▶鉄筋・デパート ⇒ 休業損害－請求額(28万0288円)・認容額(0円)

⑤ 東京地判平成4年5月26日判時1450号89頁

　所有建物に地盤沈下が発生したことによる所有者から施工業者への賠償請求に関して、所有者の経営する有限会社と既に原因となる工事を行った施工業者との間で和解が成立していることを根拠に賠償請求及び錯誤の主張を否定した。

▶建物 ⇒ 休業損害－請求額(33万8500円)・認容額(0円)

⑥　東京地判平成 4 年 4 月 27 日判時 1458 号 105 頁
　ビル新築工事を担当した建設会社の山留工事の不良に基づき発生した隣接建物の傾斜・沈下などにつき、建設会社の不法行為責任を認めたが、喫茶店の営業ができないほどではなかったとして営業損害の請求は否定した。

▶**木造一戸建て** ⇒ **休業損害－請求額(291万5000円)・認容額(0円)**

⑦　東京地判平成 2 年 6 月 21 日判タ 746 号 178 頁
　スキー場のゲレンデにある樹木への衝突事故につき、スキー場の経営者の工作物責任が否定され休業損害の請求が認められなかった。

▶**スキー場** ⇒ **休業損害－請求額(600万円)・認容額(0円)**

⑧　富山地高岡支判平成 2 年 1 月 31 日判時 1347 号 103 頁
　スキー場での夜間のそり使用中にリフト鉄塔に衝突した事故につき、スキー場経営者及びそり販売業者の債務不履行責任及び不法行為責任を否定し、休業損害としての 500 万円の請求を否定した。

▶**リフト鉄塔** ⇒ **休業損害－請求額(500万円)・認容額(0円)**

## 第2節　逸失利益

### 1　逸失利益

> Q　店舗等雑居ビルに友人と食事に行ったところ、古くなっていた階段の手すりが外れ、その拍子に2階から転落してしまいました。幸い命に別状はなかったのですが、入院手術した結果、右足に後遺障害が残り、主治医からは一生歩行が困難になると言われました。
> このような場合にどのような請求ができますか。

A　本件のように建築物の瑕疵等に基づく事故に遭った被害者がそれにより負ったけがのため就労できない状態に陥ったり、場合によっては死亡してしまう場合がある。これにより被害者の収入が減少または喪失してしまった場合、この減少ないし喪失した収入部分を逸失利益という。
　本件においても事故の後遺障害などにより被害者の収入が減少してしまう場合には当該逸失利益につき損害賠償請求することができる。
　なお、第1節休業損害を参照。

**肯定例**

具体的な逸失利益の算定方法については既に交通事故損害賠償基準により確立されている。

これを前提としつつも自転車の運転者の逸失利益について3割の過失相殺を認めた〈②大津地判H24・12・4〉、事業者であるホテルの逸失利益を認めた〈④前橋地判H20・10・10〉、建物倒壊による逸失利益を被害者に認める一方で建物についての仲介をした業者の調査義務を否定した〈⑤神戸地判

H11・9・20〉、手すりの強度不足を根拠とする工作物責任において逸失利益を認めた〈⑧東京地判 H9・4・15〉、アパート所有者の責任は認めたがアパート管理人については外階段倒壊についての予見可能性がないとした〈⑨東京地判 H9・2・10〉、雑居ビルの踊り場から2歳の子供が転落した事案につき、美容院の経営者を建物所有者の共同占有を認めた〈⑩福岡地小倉支判 H4・9・1〉はそれぞれ参考になる。

### ①　大阪高判平成26年2月27日高民67巻1号1頁・判タ1406号115頁・判時2236号72頁

　壁面に吹き付けられたアスベストが露出している建物に勤務していた者が勤務中にアスベスト粉塵に曝露したことにより悪性胸膜中皮腫に罹患し死亡したことについて、遅くとも昭和63年2月ころには通常有すべき安全性を欠くと評価されるとして死亡の逸失利益を認めた。

▶店舗兼倉庫 ⇒ 死亡による逸失利益－請求額（1563万3772円）・認容額（1340万1302円）

### ②　大津地判平成24年12月4日判例秘書L06750622

　大津市が管理する市道を原動機付自転車で走行中、市道上の段差でハンドルを取られて転倒、負傷した事故により左右の脚長差が約2センチメートル生じ膝の可動域が制限されるという11級相当の後遺障害が残ったことにつき、原告にも相当程度の注意を払うべきであったといえるとして原告に3割の過失割合を認め、原告に493万3301円の後遺障害による逸失利益を認めた。

▶市道 ⇒ 後遺障害による逸失利益－請求額（824万9757円）・認容額（493万3301円）

### ③　東京高判平成23年12月14日判例秘書L06620601

　深夜、市が管理する市道を原動機付自転車で走行中、道路工事のためにマンホール近くが沈下していたことから転倒して受傷する事故に遭い、さらにその後の市の対応が不適切であったため十分な治療を受けることができなかったことから、職場の工場内で転倒して受傷する事故を惹起し、これによっ

て後遺障害を負ったと主張して国家賠償法に基づき損害賠償等の支払を求めたことにつき、後遺症による逸失利益として1443万9990円を認めた。

▶市道 ⇒ 後遺症による逸失利益－請求額(不明)・認容額(1443万9990円)

④　前橋地判平成20年10月10日判例秘書L06350421

耐震偽装が発覚したため、ホテルを休業し、補強工事後営業を再開したが、稼働率が低下し損害を被ったことについて、債務不履行ないし不法行為責任を認めて逸失利益の請求額の一部を認めた。

▶ホテル ⇒ 営業再開後の逸失利益－請求額(1億5708万4320円)・認容額(1485万8970円)

⑤　神戸地判平成11年9月20日判時1716号105頁

賃貸マンションが地震（阪神淡路大震災）によってその1階部分が倒壊し賃借人が死亡した事故につき、軽量鉄骨コンクリートブロック造マンションの設置に瑕疵があるとするも予想外の地震とが競合して損害が発生したとして、自然力の損害発生に与える寄与度を5割と認め、その残りの範囲で賃貸人たる所有者に工作物責任を認め、逸失利益としての請求額最高6289万0228円に対して2695万2955円の範囲で認めた。ただし、仲介業者については建物の構造上の安全性について疑うべき特段の事情の存しない限り調査義務はないものとしてその責任を否定した。

▶軽量鉄骨コンクリートブロック造マンション ⇒ 逸失利益－請求額(4337万6134円～6289万0228円)・認容額(1858万9722円～2695万2955円)原告7名

⑥　京都地判平成10年1月16日判時1659号91頁

ビル地下の爆発事故によって生じた賃借人の損害につき、爆発の原因はビルの安全性に原因があったとして所有者の工作物責任を認めて逸失利益として52万5419円を認めた。

▶ビル ⇒ 逸失利益－請求額(632万6704円)・認容額(52万5419円)

⑦　山形地判平成9年8月5日判時1642号30頁

　雑居ビル地下水道管工事中に発生したガス爆発死亡事故につき、LPガス配管の腐食が原因であるとしてガス会社の被害者に対する工作物責任を認め、逸失利益として請求額3870万3420円のうち3190万7520円を認めた。

▶雑居ビル ⇒ 逸失利益－請求額(3870万3420円)・認容額(3190万7520円)

⑧　東京地判平成9年4月15日判時1631号96頁

　居住者が2階窓から転落した事故につき、手すりの強度が不十分であったことが原因であるとして、所有者の被害者に対する工作物責任を認め、逸失利益として1783万8432円の請求を認めた。

▶共同住宅 ⇒ 逸失利益－請求額(1543万6115円)・認容額(1783万8432円)

⑨　東京地判平成9年2月10日判時1623号103頁

　居住者を訪問した第三者が雑居ビル外階段が倒壊して転落した事故につき、外観や建築時から13年間予兆もなかったことからアパートの管理人の工作物責任を否定するもアパートの所有者の責任は認めて逸失利益について194万5272円の範囲で損害を認めた。

▶雑居ビル ⇒ 逸失利益－請求額(2252万0557円)・認容額(194万5272円)

⑩　福岡地小倉支判平成4年9月1日判タ802号181頁

　雑居ビル3階の踊り場から幼児（2歳）が転落した事故につき、幼児の母親の訪問先の美容院の経営者及び建物所有者の共同占有に基づく工作物責任を認め、逸失利益として請求額6747万5097円の請求のうち3705万1865円を認めた。

▶雑居ビル ⇒ 逸失利益－請求額(6747万5097円)・認容額(3705万1865円)

⑪　東京地判平成3年5月30日判時1400号58頁

　マンションの工事現場において足場が強風によって落下し、舞台俳優が

負傷した事案につき、逸失利益として1億1988万2480円に対して2873万5000円を認めた。

▶マンション ⇒ 逸失利益－請求額（1億1988万2480円）・認容額（2873万5000円）

⑫　静岡地判平成2年2月9日判時1339号22頁

　集中豪雨によって山崩れが発生して家屋が倒壊したことによる死亡事故につき、崩壊した山に設置されていた観光用リフトの設置管理の瑕疵が原因であるとして、設置管理会社に対する工作物責任を認め、逸失利益として最高669万7235円の請求を認めた。

▶観光用リフト ⇒ 逸失利益－請求額（最高743万0200円）・認容額（最高669万7235円）
原告10名

**否定例**

　ビル管理を子会社に委託している所有会社は工作物責任（民法717条）の「占有者」に該当しないとした〈③岡山地判H6・1・25〉は参考になる。

①　札幌地判平成11年11月17日判時1707号150頁

　大規模ショッピングセンターの店外階段における雪による凍結に基づく転倒事故につき、店舗の所有会社の工作物責任及び管理会社の不法行為責任を連帯して認めたが、逸失利益について被害者の主張する後遺障害と事故との因果関係がないとして後遺障害による労働力喪失を前提とする逸失利益の請求は否定された。

▶ショッピングセンター ⇒ 逸失利益－請求額（386万2510円）・認容額（0円）

②　東京地判平成7年11月15日判タ912号203頁

　11歳の少年が玄関ドアに小指を挟まれて切断した事故に関して、マンションの売主、建築業者、ドア取り付け業者に対してドアの閉扉速度の調整義務

違反を根拠とする損害賠償請求がなされた事案につき、債務不履行責任及び不法行為責任をすべて否定し、逸失利益として651万1120円の請求を否定した。

▶マンション ⇒ 逸失利益－請求額(651万1120円)・認容額(0円)

③ 岡山地判平成6年1月25日判タ860号212頁

エスカレーターでの子どもの事故につき、鉄筋・雑居ビル管理を子会社に委託している所有会社及びエスカレーターの保守点検を委託された会社は、民法717条の占有者には該当しないとして、被害者とその両親からの工作物責任に基づく逸失利益149万1095円ほかの請求を否定した。

▶鉄筋・雑居ビル(エスカレーター) ⇒ 逸失利益－請求額(149万1095円)・認容額(0円)

④ 浦和地判平成5年1月29日判タ816号221頁

デパートの屋上からの飛び降り自殺に巻き込まれて負った負傷につき、デパートの工作物責任を否定して、逸失利益として7972万6933円の請求を否定した。

▶鉄筋・デパート ⇒ 逸失利益－請求額(7972万6933円)・認容額(0円)

⑤ 東京地判平成2年6月21日判タ746号178頁

スキー場のゲレンデにある樹木への衝突事故につき、スキー場の経営者の工作物責任が否定され逸失利益の請求が否定された。

▶スキー場 ⇒ 逸失利益－請求額(4990万8300円)・認容額(0円)

⑥ 富山地高岡支判平成2年1月31日判時1347号103頁

スキー場での夜間のそり使用中にリフト鉄塔に衝突した事故につき、スキー場経営者及びそり販売業者の債務不履行責任及び不法行為責任を否定し、逸失利益としての1460万2947円の請求を否定した。

▶リフト鉄塔 ⇒ 逸失利益－請求額(1460万2947円)・認容額(0円)

第3章

# 慰謝料

# 第1節　施主型

**Q** 施主が施工者に瑕疵の補修や損害賠償を求める場合、慰謝料をあわせて請求することはできるのでしょうか。

**A** 建物の瑕疵により生じた精神的損害については、財産的損害が賠償されれば填補され、請求できないとするのが基本的な考え方であるが、財産的損害の賠償だけでは填補されない多大な精神的損害を被ったという特別の事情がある場合には、慰謝料請求が認められている場合がある。

### 肯定例

　施主が財産的損害の賠償を受けただけでは填補されない多大な精神的苦痛を被ったという事情がある場合には、慰謝料の請求が肯定されている。具体的事情としては、瑕疵の程度（〈①仙台地判H27・3・30〉、〈⑨東京高判H3・10・21〉）、瑕疵ある建物居住への不安（〈②東京地判H23・3・30〉）、世間からの注目や誹謗中傷（〈②東京地判H23・3・30〉）、仮住まいの確保やそこでの生活（〈②東京地判H23・3・30〉）、建て替えや訴訟提起の準備への時間や労力（〈③福岡地判H11・10・20〉）、解決までの期間、補修期間、施工業者の対応等があげられる。

　瑕疵の重大性は一つの要素だが、慰謝料請求の成否・金額と必ずしも連動しないことには注意が必要である。

### ①　仙台地判平成27年3月30日判例秘書L07050195

　施主が集合住宅の建築につき、請負人らに対し、コンクリート圧縮強度不足等の瑕疵を主張し、瑕疵担保責任等に基づく賠償請求を求めた事案において、その強度不足は建物としての基本的安全性を損なう瑕疵に当たるとし、

請負人らの不法行為責任を認め、その瑕疵の是正には、本件建物を建て替えるほかないとし、5億1900万円余の請求を認容し、施主は、本件建物に重大な瑕疵があったことで、本件建物に発生するひび割れに悩まされ、断続的な補修工事の実施に追われるなどの精神的苦痛を被ったとして慰謝料請求の一部を認容した。

▶集合住宅 ⇒ 慰謝料（瑕疵・欠陥）－請求額（1000万円）・認容額（120万円）

② 東京地判平成 23 年 3 月 30 日判時 2126 号 73 頁
　元一級建築士による分譲マンションの構造計算書の偽装に不法行為責任が認められた事案において、本件建物は除却を命じられるほどの耐震強度の不足を生じることになり、実際に解体されることとなったから、区分所有者らは、持家を文字どおり失ったものであり、本件建物に居住することの不安、世間から注目され誹謗中傷を受けたことによる心労、本件建物の使用禁止及び建替えに伴う仮住まいの確保やその生活等により、原告ら等は多大の精神的負担を被ったことが認められるし、事実調査や情報収集、マンションの建替えのための協議、本件訴訟の提起及び追行のための準備など、多大の時間と労力を費やしてきたと認められ、その心的物的負担は大きいものであったといえる等として、一戸あたり 200 万円の慰謝料を認容した。

▶分譲マンション ⇒ 慰謝料（瑕疵・欠陥）－請求額（300万円）・認容額（200万円）－一戸あたり

③ 福岡地判平成 11 年 10 月 20 日判時 1709 号 77 頁
　施工業者の地盤調査義務を認め、施工業者が十分な地盤調査を行うことなく建築した木造一戸建て建物に沈下、ひび割れが発生したことにつき施工業者の注文者に対する不法行為責任を認め、請求額（50万円）通りの慰謝料請求を認めた。

▶木造一戸建て ⇒ 慰謝料（瑕疵・欠陥）－請求額（50万円）・認容額（50万円）

④ 大津地判平成8年10月15日判時1591号94頁

　注文者が境界の間隔に関する協定に違反する一戸建て建物の建築について懸念を示しているにもかかわらず、請負業者が適切な説明をせずに旧建物を取り壊して新建物を建築しようとしたところ、隣接地所有者からの反対を受けてやむなく工事請負契約を合意解約した事案において、請負業者の契約締結上の過失を認め、500万円の慰謝料請求のうち200万円を認めた。

▶一戸建て ⇒ 慰謝料－請求額(500万円)・認容額(200万円)

⑤ 神戸地姫路支判平成7年1月30日判時1531号92頁

　建築請負契約における請負人からの残代金（本訴）請求に対して、注文者が反訴請求として請負人の従業員である建築士の過失による鉄骨造マンション建物の瑕疵の存在を主張して、請負人の使用者責任に基づき建替えと同様の補修費用等の請求を行った事案につき、瑕疵の存在を認め、注文者からの損害賠償請求の内容として鑑定費用120万円のほか慰謝料として100万円の請求を認めた。

▶鉄骨造マンション ⇒ 慰謝料(瑕疵・欠陥)－請求額(100万円)・認容額(100万円)

⑥ 東京地判平成5年3月24日判時1489号127頁

　土地建物の売買契約の後、大量のカビの発生により地下室が使用できなくなり、壁の一部が崩壊するなどした事案につき、売主の買主に対する不法行為責任を認め、300万円の慰謝料請求に対して10万円の範囲で認めた。

▶木造一戸建て(地下室) ⇒ 慰謝料(人損)－請求額300万円・認容額(10万円)

⑦ 福岡地判平成3年12月26日判時1411号101頁

　新築鉄筋・マンションの買主が、遮音性が不十分であることを根拠に、売主に対して①債務不履行に基づく財産的損害、②不法行為に基づく慰謝料請求をした事案につき、①については債務不履行責任を認めたが、価格の下落額を根拠付ける証拠はないものとして否定し、②については慰謝料として最

高25万円の請求を認めた。

▶鉄筋造マンション ⇒ 慰謝料(瑕疵・欠陥)－請求額(100万円)・認容額(15〜25万円)－原告3名

⑧　東京地判平成3年12月25日判時1434号90頁

　ツー・バイ・フォー・ペンションの建築において引渡後雨水の浸入などがあった事案につき、注文者から請負人及び監理技士に対する瑕疵担保責任に基づく損害賠償請求として原告の主張どおりの300万円の慰謝料請求を認めた。

▶ツー・バイ・フォー・ペンション ⇒ 慰謝料(瑕疵・欠陥)－請求額(300万円)・認容額(300万円)

⑨　東京高判平成3年10月21日判時1412号109頁

　上棟式を経て建物としての外観が一応整った段階であるが、契約の目的を達成できないような重大な瑕疵がある場合には、民法635条にはよらず、同415条後段(履行不能)により注文者は契約を解除することができ、請負人に対して請負代金の返還並びに土地所有権に基づき建物の収去明渡し並びに慰謝料100万円の支払を求めることができるとした。

▶建物 ⇒ 慰謝料(瑕疵・欠陥)－請求額(100万円)・認容額(100万円)

⑩　大阪地判平成3年6月28日判時1400号95頁

　土地建物を取得した者が、木造・鉄筋・一戸建て建物に存在する欠陥について、直接の売主に対して瑕疵担保責任、その前主に対しては瑕疵担保責任の代位行使、施工業者に使用者責任を追及した事案につき、売主の瑕疵担保責任の範囲は信頼利益の範囲に限定するとして補修費用の請求を否定したが、施工業者への使用者責任を認め、慰謝料については100万円の請求のうち50万円について認めた。

▶木造・鉄筋・一戸建て ⇒ 慰謝料(瑕疵・欠陥)－請求額(100万円)・認容額(50万円)

## 第3章 慰謝料

⑪ 東京地判平成3年6月14日判時1413号78頁

建物建築請負契約において、最終工程が終了したこと、一戸建て建物として使用でいること、登記能力を備えていること等から工事は完成したものとみなされるも、「車庫が使用できないこと」は建物の瑕疵であり、それについてたとえ注文者の指図に誤りがあっても請負人である施工業者はこれを発注者に知らせ改める機会を与えるべきところ、これを怠ったことから請負人に瑕疵担保責任または不法行為責任に基づき「建物の客観的価値の減少分」についての賠償義務を認めた。ただし、社会通念上修補不能の場合の賠償請求は建物の客観的価値の減少分のみであり、建替え費用などの損害を認めることはできないとして修補費用等の請求は否定し、慰謝料については請求額91万5164円のうち90万円の範囲で認容した。

▶一戸建て ⇒ 慰謝料（瑕疵・欠陥）－請求額（91万5164円）・認容額（90万円）

⑫ 大阪高判平成元年2月17日判時1323号68頁

不等沈下が発生した鉄骨造共同住宅の瑕疵につき、工事業者と設計監理事務所の注文者に対する瑕疵担保責任を連帯して認め、慰謝料については2棟のうち1棟については請求額の100万円のうち80万円、もう1棟については請求額230万円のうち100万円の範囲で認めた。

▶鉄骨造共同住宅 ⇒ 慰謝料（瑕疵・欠陥）－請求額（100万円・230万円）・認容額（80万円・100万円）

### 否定例

否定例のほとんどが、財産的な損害が賠償されることを理由として慰謝料請求を否定している。

① 東京地判平成27年4月10日判例秘書L07030459

買主が、購入した住宅用建物が傾斜していることにつき、当該傾斜は上記

建物を建築した施工業者がその敷地の埋戻しを適切に行わなかったことに起因するものであるとして、施工業者に対しては不法行為による損害賠償請求権に基づき、売主に対しては、当該傾斜が隠れた瑕疵に当たり、また、売主は当該傾斜を認識しながら買主にこれを告知しなかったとして、瑕疵担保責任による損害賠償請求権及び不法行為による損害賠償請求権に基づき、上記建物の補修費用相当額、当該傾斜の調査費用相当額、慰謝料及び弁護士費用相当額等の支払を求めた事案において、補修費用や調査費用の一部は認容したが、慰謝料請求については、土地の修復及び建物の補修に係る費用の賠償が認容され、これらの工事が実施されれば、建物の傾斜も修復されることを踏まえると、それだけでは慰謝されない程度の精神的苦痛が買主に生じたとまで認めることはできないとして否定した。

▶新築一戸建て ⇒ 慰謝料(瑕疵・欠陥)－請求額(300万円)・認容額(0円)

② 東京地判平成26年1月31日判例秘書L06930175

施主が施工業者に対し、完成・引渡しを受けた建物に、外壁通気構法が採用されていないなど複数の瑕疵があり漏水等の損害を被ったとして、主位的に不法行為に基づく損害賠償を、予備的に債務不履行責任または瑕疵担保責任の損害賠償を求めた事案で、本件建物の瑕疵の一部は、いずれも被告の過失により建物の基本的な安全性を損なう施工を行ったために生じたといえるとし、主位的請求の一部を認容したが、慰謝料請求については、補修費用相当額の賠償を受けることにより財産的損害が填補されており、これに加えて原告の精神的苦痛に対する賠償を認めるべき事情は見受けられないとして否定した。

▶新築一戸建て ⇒ 慰謝料(瑕疵・欠陥)－請求額(200万円)・認容額(0円)

③ 東京高判平成25年5月8日判時2196号12頁

新築住宅の木製窓から雨水が浸入し、窓に腐食や変色等が生じたことについて請負人に設置上の瑕疵が認められたが、財産的損害に加えて慰謝料請求

を認容するまでの事情は認められないとして否定した。

▶新築一戸建て ⇒ 慰謝料（瑕疵・欠陥）－請求額（100万円）・認容額（0円）

④　神戸地判平成11年7月30日判時1715号64頁
　一戸建て中古住宅の売買につき天井裏などに多数のコウモリが生息していることは「隠れたる瑕疵」に該当するとして売主の瑕疵担保責任を認め、買主2名からの売主に対する補修工事費用合計金113万4000円及び弁護士費用15万円の請求を認めたが、慰謝料請求は否定した。

▶中古一戸建て ⇒ 慰謝料（瑕疵・欠陥）－請求額（200万円）・認容額（0円）

⑤　東京地判平成10年5月13日判時1666号85頁
　売買の対象となった建物に瑕疵が存在したことにつき、仲介業者とそれ以外に仲介的役割を果たした銀行や税理士の告知義務違反に基づく不法行為責任を連帯して認めたが、買主からの慰謝料の請求については、財産的損害とそれに対する損害の補填の実情に鑑み否定した。

▶雑居ビル ⇒ 慰謝料（瑕疵・欠陥）－請求額（1000万円）・認容額（0円）

⑥　神戸地判平成9年9月8日判時1652号114頁
　傾斜地に建築した鉄筋コンクリート造建物に発生した浸水現象につき、契約の目的を達成できない「隠れたる瑕疵」に該当するとして買主からの建物売買契約の解除を認めるも、売り主の賠償義務の範囲は信頼利益の範囲に限るとして弁護士費用の請求を否定し、転売目的であったことから精神的損害はないとして慰謝料請求は否定した。また売主から注文を受けた施工業者（請負人）の買主に対する使用者責任については「積極的な加害意思がある」など特段の事情がない場合には賠償請求できないとした。

▶鉄筋コンクリート造建物 ⇒ 慰謝料（瑕疵・欠陥）－請求額（300万円）・認容額（0円）

⑦ 東京高判平成6年3月24日判タ859号203頁

　新築マンションの売買につき、分譲業者兼販売業者と買主との間に「瑕疵のない建物を引き渡す合意」が存在したことを認定し、本件建物に湿気や異臭が強いという瑕疵があることから売主たる分譲業者兼販売業者の買主に対する債務不履行責任を認めるも、弁護士費用を含む慰謝料については精神的損害が回復され、弁護士費用についても相当因果関係がある損害とはいえないとして否定した。

▶マンション ⇒ 慰謝料(瑕疵・欠陥)－請求額(30万円)・認容額(0円)

⑧ 京都地判平成4年12月4日判タ809号167頁・判時1476号142頁

　マンション建築における汚水管整備の工事の瑕疵につき、瑕疵の原因となった施工方法について注文者から設計監理を依頼された設計事務所の承諾を得ていたとしても、それだけでは民法636条の「注文者の指図」とはいえず、請負人たる施工業者の瑕疵担保責任は免れないが、根本的な原因が設計自体にあることに鑑み、過失相殺の規定を準用して、補修費用・応急措置費用の5割の金額の賠償義務を認めたが、慰謝料請求は否定した。

▶マンション ⇒ 慰謝料(瑕疵・欠陥)－請求額(50万円)認容額(0円)

## 第2節　周辺住民型

**Q** 建築工事により周辺住民が被害を受けた場合、慰謝料を請求することはできるのでしょうか。

**A** 近隣の建築工事による騒音、建物建設による日照阻害についての違法性は、「受忍限度を超えるかどうか」で判断され、受忍限度の範囲内と判断された場合には所有者・工事業者のほか仲介業者に対して慰謝料請求は否定される。

> 肯定例

受忍限度を超えると判断された場合には慰謝料が認められることになる。金額としては、10万円～30万円程度が多く（〈①大阪高判H26・1・23〉、〈②横浜地判H24・4・18〉、〈③さいたま地判H21・3・13〉、〈⑤大津地判H9・8・21〉、〈⑦東京地判H6・11・15〉、〈⑧京都地判H5・3・16〉、〈⑩札幌地判H3・5・10〉）、100万円を超えるケースは稀であり、マンションの日照阻害により資産価値の下落を伴う程度に至っているような場合に限られている（〈④大阪地判H10・4・16〉、〈⑨東京地判H3・8・27〉）。

① **大阪高判平成 26 年 1 月 23 日判例秘書 L06920661**

分譲マンションを購入した買主らが、同分譲マンションの南側にマンションが建築されると、日照阻害による人格権または財産権の侵害が生じるとして、施工業者に対してはマンションの工事の差止め等を、売主側宅建業者らに対しては説明義務違反に基づく損害賠償を求めた事案において、説明義務違反を認め、慰謝料の一部の支払を命じた一審判決の判断が控訴審でも維持された。

▶分譲マンション ⇒ 慰謝料（受忍限度）－請求額（一戸あたり100万円）・認容額（10万円～50万円）

② 横浜地判平成24年4月18日判例秘書L06750192

隣地住民が新築した居宅の屋根に設置した太陽光発電用ソーラーパネルの反射光によって建物の所有権の円満な利用が妨害されており、その程度は受忍限度を超えるものと認められるが、反射光被害は、一日のうち一定時間、一定の場所に限られ、また曇天の日は被害が生じないことなどを考慮する必要があるとして、隣地住民に対しパネルの撤去、隣地住民と建設業者に対し10万円の限度で慰謝料の支払が命じられた。

▶新築一戸建て(太陽光発電用ソーラーパネル) ⇒ 慰謝料(受忍限度)－請求額(100万円)・認容額(10万円)

③ さいたま地判平成21年3月13日判時2044号123頁

建物解体工事で約3か月の間、散発的に、ある程度継続的に解体工事敷地境界線部分において94デシベルに達する騒音が発生していたと認め、音源から居住地が離れることによる騒音の減衰も考慮し、居住地の敷地において85デシベルを超える騒音被害を受けていたと認められる周辺住民らについて、解体工事施工業者に各自10万円の限度で慰謝料請求を認めた。

▶鉄骨鉄筋コンクリート地下1階付5階建事務所 ⇒ 慰謝料(受忍限度)－請求額(20万円)・認容額(10万円)原告20名のうち18名

④ 大阪地判平成10年4月16日判時1718号76頁

マンションの建築主に対して眺望侵害等を根拠とする賠償請求として不動産価格の下落の請求は否定したが、慰謝料の請求が120万円の範囲で認められた。

▶木造一戸建て ⇒ 慰謝料－請求額(300万円)・認容額(120万円)

⑤ 大津地判平成9年8月21日判時1633号131頁

高層マンションの建築の際に発生した騒音・震動などの被害については受忍限度内であるとして建築主と施工業者の賠償義務を否定したが、完成後の

# 第3章　慰謝料

道路・鉄道の騒音が拡大したことについては建築主に対してのみ賠償義務を認め、慰謝料として請求額のうち54万円（2人分）の範囲で認めた。

▶高層マンション ⇒ 慰謝料(受忍限度)－請求額(400万円)・認容額(54万円)－2人分

⑥　東京地八王子支判平成8年7月30日判時1600号118頁

　鉄筋コンクリート造マンションの床をフローリングに変えたことによって騒音などが発生し、下階の住人に被害が発生した事案につき受忍限度を超えるものとして、慰謝料（2人分合計150万円）の賠償請求を認めたが、復旧工事の請求は否定した。

▶鉄筋コンクリート造マンション ⇒ 慰謝料(受忍限度)－請求額(300万円)・認容額(150万円)－原告2名

⑦　東京地判平成6年11月15日判時1537号139頁

　木造一戸建て建物が建築基準法に違反していること、区からの行政指導及び処分にも従わずに工事を強行したこと、日影被害は受任限度を超えるものであることなどを根拠として隣地所有者からの建物の一部切断・撤去請求を認め、かつ、慰謝料請求（請求額300万円）についても30万円の範囲で認めた。

▶木造一戸建て ⇒ 慰謝料(受忍限度)－請求額(300万円)・認容額(30万円)

⑧　京都地判平成5年3月16日判タ827号250頁

　隣接地における鉄筋造マンション建築につき、隣家に与えた工事中の粉塵・震動・騒音などによる被害は受忍限度を超えるものであるが、工事中の悪臭・交通の危険・プライバシー侵害等並びに工事完成後の日照侵害・プライバシー侵害等は受忍限度内であると認定し、工事業者に対して工事中の震動による慰謝料として原告8名の請求合計3200万円のうち1人20万円（合計160万円）の範囲で支払を命じた。

▶マンション ⇒ 慰謝料(受忍限度)－請求額(3200万円)・認容額(160万円)－原告8名

⑨　東京地判平成3年8月27日判時1428号100頁

住居専用地域内の違反建築物の日照侵害の程度は受忍限度を超えているとして、一戸建て建物所有者に対する建物交換価値の低下分1920万円及び慰謝料1500万円の請求のうち、慰謝料150万円の範囲で請求を認め、是正措置を行使しなかった区の賠償義務は否定した。

▶建物 ⇒ 慰謝料（瑕疵・欠陥）－請求額（1500万円）・認容額（150万円）

⑩　札幌地判平成3年5月10日判時1403号94頁

住居専用地域内の鉄骨・プレハブ・一戸建て・カラオケボックスの使用につき付近住民からの営業中止及び賠償請求として最高30万円の慰謝料請求が認められた。

▶鉄骨・プレハブ・一戸建て・カラオケボックス ⇒ 慰謝料（受忍限度）－請求額（各自30万円）・認容額（30万円1名、20万円2名）－原告9名

**否定例**

受忍限度を超える程度には至っていないと判断された場合には、慰謝料請求は否定されることになる。

①　大阪地判平成24年10月19日判時2201号90頁

マンションを建築したことにより、付近の風環境が悪化したとして慰謝料等を請求した事案において、受忍限度を超えるものではないとして請求を棄却した。

▶マンション ⇒ 慰謝料（受忍限度）－請求額（100万円）・認容額（0円）

②　大阪高判平成10年11月6日判時1723号57頁

眺望侵害等を根拠とするマンション建築主に対する賠償請求を認めた地裁の第一審判断について、受忍限度を超える損害があることの立証がないとし

て第一審原告の請求を否定した。

▶**木造一戸建て** ⇒ 慰謝料(受忍限度) − 請求額(30万円)・認容額(0円)

③　東京地判平成6年5月9日判時1527号116頁

　鉄骨鉄筋コンクリート造マンションの上階所有者が床を木質フローリングに変更したことによって生じた騒音について、下階の所有者の不法行為に基づく損害賠償請求としての慰謝料請求とマンションの価値の減価分の賠償請求を否定した。

▶**鉄骨鉄筋コンクリート造マンション** ⇒ 慰謝料(受忍限度) − 請求額(100万円)・認容額(0円)

④　福岡地判平成5年12月14日判自126号72頁

　鉄筋・マンション開発工事に伴う騒音等は受忍限度を超えるものではないとして、賠償請求を否定した。

▶**鉄筋・マンション** ⇒ 慰謝料(受忍限度) − 請求額(100万円)・認容額(0円)

⑤　東京地判平成4年1月28日判タ808号205頁

　隣家からのプライバシー侵害、騒音・悪臭を根拠とする不法行為に基づく一戸建て窓の取壊しや慰謝料(10万円)請求につき、苦痛や不安は受忍限度内であるとして請求を棄却した。

▶**一戸建て** ⇒ 慰謝料(受忍限度) − 請求額(10万円)・認容額(0円)

⑥　東京地判平成3年11月12日判時1421号87頁

　マンションの上階の住人がフローリング工事によって木製の床に変更したため工事開始以降下階の住民が騒音に悩まされたというケースにおいて、下階の住人からの慰謝料請求及び復旧工事請求した事案につき、騒音は受忍限度内であるとして請求を棄却した。

▶**マンション** ⇒ 慰謝料(受忍限度) − 請求額(218万円)・認容額(0円)

⑦　東京地判平成3年9月30日判時1416号104頁

　第1種住居専用地域内における接道義務違反の木造建築による日照侵害を根拠とする慰謝料請求（2人分合計500万円）について、侵害の程度は受忍限度内であることから当該建築物所有者の賠償義務を否定し、かつ、違反建築物について区長が是正命令を怠ったことを根拠とする賠償請求も否定された。

▶木造建物 ⇒ 慰謝料（受忍限度）－請求額（250万円（×2人））・認容額（0円）

⑧　東京地判平成3年9月20日判時1413号92頁

　日照時間が短くなっても準工業地域に隣接する居住地域であることなど地域性を考慮して鉄筋・マンション・5階建て日照侵害は受忍限度内であり、慰謝料の賠償請求はできないとした。

▶鉄筋・マンション ⇒ 慰謝料（受忍限度）－請求額（155万円～230万円）・認容額（0円）－原告9名

第4章

# 過失相殺

> **Q** 当社で建築した住宅で雨漏りが発生しましたが、雨漏りが発生したのは、施主の指定したデザインや部材が特殊なもので、防水性能が十分に確保できなかったことにあると考えています。当社に全く責任がないとは考えていませんが、施主の指示に従ったことは考慮されないのでしょうか。

> **A** 施主の施工業者等に対する瑕疵を理由とする損害賠償請求に関して、施主側にも過失(あるいはこれと同視すべき事情)がある場合には、民法418条または722条の適用(準用)により、過失相殺がなされるケースがある。

### 肯定例

　元請業者が立会いを行わなかったことなどを重視して5割の過失相殺を認めた〈①東京地判H25・8・27〉、同様に元請業者に2割5分の過失を認めた〈②東京地判H25・5・9〉、「べた基礎」が損害の拡大の原因であることを考慮して3割の減額を認めた〈④浦和地判H7年3月10日判タ908号206頁〉、同様に損害の拡大の要因は居住者にもあるとして1割の減額を認めた〈⑤東京高判H6・2・24〉、その他設計に問題があったとして5割の減額を認めた〈⑥京都地判H4・12・4〉、施主が不具合事象を認識しながら放置していた点を重視して5分の減額を認めた〈③東京高判H25・5・8〉などが特に参考になる。元請業者が下請業者、孫請業者に対する監督指示を怠ったとして減額が認められているケースもある(〈①東京地判H25・8・27〉、〈②東京地判H25・5・9〉)。

### ①　東京地判平成25年8月27日判例秘書L06830637

　建物請負工事に関し、施工の瑕疵により生じた損害を賠償した施工業者が、同瑕疵は下請負人の施工により生じたものもあるとして、損害の賠償を求め

た事案において、下請業者の施工ミスを認めたうえで、本件工事に関する各種検査に立ち会わないなど、工事監督及び管理を怠って損害を拡大させた施工業者の過失も相当に重いとして、5割の過失相殺を認めた。

② 東京地判平成25年5月9日判例秘書L06830404

元請業者が、孫請業者の手抜き工事について下請業者に損害賠償請求をしたところ、下請業者は使用者として不法行為責任を負うとして請求を一部認容しつつ、元請業者にも孫請業者に対して是正指示をする機会があったとして、2割5分の過失相殺を認めた。

③ 東京高判平成25年5月8日判時2196号12頁

新築住宅の木製窓から雨水が浸入し、窓に腐食や変色等が生じたことについて請負人に設置上の瑕疵が認められたが、施主が変色等に気づいてから専門家に相談するまで約1年が経過しているとして、5分の過失相殺を認めた。

④ 浦和地判平成7年3月10日判タ908号206頁

隣接地の宅地造成工事に伴う給排水工事などにより建物が傾斜するなどの事情が発生した事案につき、軟弱地盤での工事により悪影響が生じないような工法が不採用であったこと、工事実施前からの盛土及び原告等らの建物の荷重により不等沈下が発生していたこと、べた基礎の建築による影響により損傷が既に発生していたこと、「べた基礎」の基礎構造は、原告らが被った損害の拡大の原因であること等を考慮し、民法722条2項の過失相殺の規定を類推適用し、損害の拡大等の原因となっている前記原告らの建物の基礎構造を勘案し、本件工事により原告らが被った損害のうちその3割を減額して被告らに負担させるのが相当であるとした。

⑤ 東京高判平成6年2月24日判タ859号203頁

施主は、引渡し後に本件建物内の浴室と食堂との間に当初設けられていた

扉を撤去したこと、浴室に換気扇を設けたことが認められる。施主の被った損害（通気管先端の開口部から流出した湿気が、本件建物の内装、建具、家具等にカビを生じさせる等の損傷）が、浴室天井裏の本件通気管先端から流出した湿気と臭気の本件建物内への流入によって生じたことに照らすと、同損害は、施主のした扉の撤去によって拡大したこと、浴室の換気扇を適切に使用していれば、損害はより少なかったであろうことが推認できるところ、本件瑕疵、また湿気や臭気がどこから来ているのかということは、約1年にわたり不明であったことも考え合わせると、施主側の過失割合は、1割とするのが相当であるとした。

### ⑥ 京都地判平成4年12月4日判タ809号167頁・判時1476号142頁

マンション建築における汚水管設備工事の瑕疵につき、建築事務所が本件建物の天井の厚さに余裕を持たせる設計をするか、天井の厚さに余裕がないのであれば、横引管が短くなるよう立ち下がり管の本数を増やすような設計をしていれば、本件施工に至ることはなかったのであり、本件施工をせざるを得なかった根本的原因は、本件建物の設計それ自体に存し、設計まで含めて本件建物の建築を請け負ったのでない被告に対し、専門家の行った設計の不備の責任まで負わせることはできないとして、民法636条の法意に鑑み、同法418条の過失相殺の規定を準用して、本件施工による損害の5割を減額すべきであるとした。

### ⑦ 東京地判平成3年11月28日判タ791号246頁

調停に基づく協力義務を履行しなかったために他の調停の当事者が設計変更に基づき余計な支出を余儀なくされたとして損害賠償を請求した事案について、被告らが増築工事をやり直すことになったのは、原告が道路廃止に協力しなかったこともあるが、原告が主張するように、被告らが建築基準法の上で適式な手続を踏まないで工事に着手したことにも一因があることは否定できないことから、被告らにおいても損害の発生については落ち度があった

というべきであり、損害額から3割を過失相殺するのが相当であるとした。

### ⑧ 東京地判平成3年2月28日判時1405号60頁

買主は、自らも宅建業者であり、本件売買契約は高額な取引であった上、本件土地に河川拡幅計画が存在すること自体は知っていたのであるから、自ら関係官庁を調査するとか、少なくとも関係者が一同に会して本件売買契約を締結する際、拡幅計画の範囲、建物建築に与える影響等を売主らに尋ねることは容易なことであり、期待できるものであったが、買主は、拡幅計画は建物建築にさしたる支障のないものと軽信し、これを怠った。本件売買契約は、売主らの前記義務違反と買主の過失とが重なってなされたと認められる。双方の過失を対比し、買主の損害額から2割を減額するのが相当であるとし、売主らが買主に対し賠償すべき損害額を手付金額相当の2150万円の8割である1720万円とした。

### 否定例

施主側に過失（あるいはこれと同視すべき事情）が認められない場合には、過失相殺は否定されることになる。

### ① 東京地判平成26年1月31日判例秘書L06930175

建物に基本的安全性を損なう瑕疵があるとして、施工者らに対する不法行為に基づく損害賠償請求が認められたところ、瑕疵は軽微なものではなく、施工者らが通常の注意義務を尽くせば容易に瑕疵の発生を避けることができたといえるから、公平の理念に立脚して検討したとしても、施主に過失があるとか、施主に応分の負担を求めるべき事情があるとまでは認められないとして過失相殺が否定された。

② 東京地判平成 24 年 6 月 22 日判時 2196 号 19 頁

　新築建物の建築主の、設計監理を担当した業者らに対するガスケットの取付方法の不備の瑕疵が認められたところ、建築主の連絡の遅れにより損害が拡大した事情は認められないとして過失相殺が否定された。

③ 福岡高判平成 24 年 1 月 10 日判時 2196 号 19 頁

　建物に基本的安全性を損なう瑕疵があるとして、設計者、施工者、工事監理者に対する不法行為に基づく損害賠償請求が認められたところ、基本的安全性を損なう瑕疵がある場合に施主側のメンテナンスの有無と瑕疵は関連性がないとして過失相殺が否定された。

第5章

# 損益相殺

# 第5章　損益相殺

> **Q** 6年前に購入した新築住宅に重大な瑕疵があることが発覚し、売主や施工業者に対して、建替え費用を請求しました。売主らは当方の請求を概ね認めましたが、「6年間も住んでいたのだし、今後、新たに新築の住宅を取得して利益を得るのだから、その分は差し引くべきだ」と言ってきました。このような主張は認められるのでしょうか。

> **A** 最判平成22年6月17日民集64巻4号1197頁は、「建物の目的物である新築建物に重大な瑕疵がありこれを建て替えざるを得ない場合において、当該瑕疵が構造耐力上の安全性にかかわるものであるため建物が倒壊する具体的なおそれがあるなど、社会通念上、建物自体が社会経済的な価値を有しないと評価すべきものであるときには、上記建物の買主がこれに居住していたという利益については、当該買主からの工事施工者等に対する建て替え費用相当額の損害賠償請求において損益相殺ないし損益相殺的な調整の対象として損害額から控除することはできないと解するのが相当である」と判示しており、損益相殺の可否に関するひとつの基準として確立されている。

### 肯定例

　上記平成22年最判が指摘する、「社会通念上、建物自体が社会経済的な価値を有しないと評価すべきもの」とまでは言えない場合には、上記判例の射程外と考えられることから、損益相殺がすべて否定されているわけではなく、〈○仙台地判H23・1・13〉のような肯定例も存在する。

○　**仙台地判平成23年1月13日判時2112号75頁**
　外壁タイルのひび割れ補修工事費用相当額の損害を認め、平成22年最高

裁判例を引用して、補修により注文者が享受する耐用年数伸張の利益は、瑕疵のない建物の引渡しの遅れにより生じた結果であるから損益相殺の対象として考慮すべきではないとしつつ、外壁タイルを全面的に貼り替えることによって、現状において瑕疵が存在しない部分についても新たな外壁タイルが設置されることになる上、本件建物の引渡しから現在までに10年以上が経過していることなどに鑑みると、耐用年数や外観の面で、原告に少なからぬ利益が生じることとなるから、損益相殺の背後にある当事者間の公平の観点より、上記損害額から5割を減額することが相当であるとした。

# 判例分析一覧

| 年月日 | 裁判所 | 出典 | 建物 |
|---|---|---|---|
| 昭和61年 | | | |
| 9月12日 | 東京地判 | 判タ646号184頁 | マンション |
| 11月26日 | 浦和地判 | 判タ648号220頁 | 道路工事現場 |
| 昭和62年 | | | |
| 6月16日 | 旭川地判 | 判時1250号111頁 | 照明塔 |
| 7月17日 | 千葉地判 | 判時1268号126頁 | 土地 |
| 昭和63年 | | | |
| 6月17日 | 横浜地判 | 判時1300号86頁 | 木造一戸建て |
| 平成元年 | | | |
| 1月25日 | 大阪高判 | 判時1316号96頁 | マンション |
| 2月17日 | 大阪高判 | 判時1323号68頁 | 鉄骨造共同住宅 |
| 7月28日 | 東京地判 | 判時1354号111頁 | 土地 |
| 8月10日 | 東京高判 | 金商838号14頁 | マンション |
| 9月22日 | 大阪高判 | 判タ714号187頁 | 土地 |
| 平成2年 | | | |
| 1月24日 | 大阪高判 | 判タ721号180頁 | 土地 |

| 請求項目 | 請求額 | 認容額 | 備考 | 頁 |
|---|---|---|---|---|
| 補修費用 | 1761万4800円 | 483万4892円 | | 36、52 |
| ●治療費<br>●差額ベッド料<br>●入院保証金<br>●胸パット費 | ●696万245円<br>●284万1700円<br>●13万円<br>●2万円 | ●696万245円<br>●284万1700円<br>●13万円<br>●2万円 | | 152 |
| 葬儀費用 | 100万円 | 50万円 | | 152 |
| 擁壁建築費用 | 332万6000円 | 332万6000円 | | 26 |
| 改修費用 | 1150万円 | 170万円 | | 52 |
| 測量費 | 不明 | 0円 | | 16 |
| 補修工事費用 | 849万円 | 0円 | | 53 |
| 鑑定調査費用 | 200万円 | 179万6000円 | 2棟分 | 13 |
| 補修費用・再築費用 | 2500万円・<br>3962万6355円 | 2500万・<br>3961万8407円 | 2棟分 | 35 |
| 引越費用 | 30万円 | 30万円 | | 120 |
| 代替建物賃料 | 84万3520円・<br>147万6717円 | 84万3520円・<br>92万2948円 | 2棟分 | 126 |
| 弁護士費用 | 281万4000円・<br>446万9000円 | 278万40円・<br>427万3000円 | 2棟分 | 147 |
| 慰謝料(瑕疵・欠陥) | 100万円・230万円 | 80万円・100万円 | | 176 |
| 不動産仲介料 | 2940万円 | 0円 | | 92 |
| 違約金 | 120万円 | 120万円 | | 68 |
| 売買代金 | 1000万円 | 1000万円 | | 72 |
| 手付金 | 1575万円 | 1575万円 | | 68 |
| 手付金 | 300万円 | 300万円 | | 68 |

| 年月日 | 裁判所 | 出典 | 建物 |
|---|---|---|---|
| 1月31日 | 富山地高岡支判 | 判時1347号103頁 | リフト鉄塔 |
| 2月 9日 | 東京地判 | 判時1365号71頁 | ボーリング場 |
| 2月 9日 | 静岡地判 | 判時1339号22頁 | 観光用リフト |
| 6月21日 | 東京地判 | 判タ746号178頁 | スキー場 |
| 6月26日 | 東京地判 | 判タ743号190頁 | 鉄筋コンクリート造リゾートマンション |
| 平成3年 | | | |
| 1月23日 | 名古屋地判 | 金商877号32頁 | 土地付建物 |
| 2月28日 | 東京地判 | 判時1405号60頁 | 土地 |
| 3月25日 | 横浜地判 | 判時1395号105頁 | 木造・共同住宅・店舗建物 |
| 4月 2日 | 最判 | 判時1386号91頁 | 借地権付建物 |

| 請求項目 | 請求額 | 認容額 | 備考 | 頁 |
|---|---|---|---|---|
| ●治療費<br>●付添費用<br>●入院雑費<br>●交通費・宿泊費 | ●24万9770円<br>●22万5610円<br>●19万5000円<br>●16万円 | ●0円<br>●0円<br>●0円<br>●0円 | | 155 |
| 休業損害 | 500万円 | 0円 | | 164 |
| 逸失利益 | 1460万2947円 | 0円 | | 170 |
| 設計監理料 | 500万円 | 0円 | | 20 |
| ●サウナ建設費用<br>●広告塔建築費用<br>●ボーリング機械設備費用<br>●ビリヤード一式 | ●1000万円<br>●700万円<br>●1億3950万円<br>●260万円 | ●0円<br>●0円<br>●0円<br>●0円 | | 31 |
| 解体費用 | 1140万円 | 0円 | | 61 |
| 登記手続費用 | 200万円 | 0円 | | 101 |
| 利息 | 4592万2186円 | 0円 | | 110 |
| 建物修繕費 | 最高430万2500円 | 最高430万2500円 | 原告10人 | 45 |
| 逸失賃料 | 最高246万1313円 | 最高192万7235円 | 原告10人 | 131 |
| 逸失利益 | 最高743万0200円 | 最高669万7235円 | 原告10人 | 169 |
| 休業損害 | 600万円 | 0円 | | 164 |
| 逸失利益 | 4990万8300円 | 0円 | | 170 |
| 売却損 | 最高1800万円 | 0円 | 原告19人 | 84 |
| 売却損 | 4億4208万円 | 0円 | | 83 |
| 手付金 | 2150万円 | 1720万円 | 2割過失相殺 | 67 |
| 過失相殺 | 2割 | 買主は自らも宅建業者であり、関係官庁に調査することを怠った(民418・722) | | 191 |
| 休業損害 | 333万1770円 | 211万5884円 | | 162 |
| 売買代金 | 650万円 | 0円 | | 73 |
| 代金請求・登記費用 | 不明 | 0円 | | 100 |
| 契約の解除・火災保険料などの賠償請求 | 不明 | 0円 | | 113 |

| 年月日 | 裁判所 | 出典 | 建物 |
|---|---|---|---|
| 5月10日 | 札幌地判 | 判時1403号94頁 | 鉄骨・プレハブ・一戸建て・カラオケボックス |
| 5月30日 | 東京地判 | 判時1400号58頁 | マンション |
| 6月14日 | 東京地判 | 判時1413号78頁 | 一戸建て |
| 6月28日 | 大阪地判 | 判時1400号95頁 | 木造・鉄筋・一戸建て |
| 7月25日 | 東京地判 | 判時1422号106頁 | 賃貸建物 |
| 8月27日 | 東京地判 | 判時1428号100頁 | 一戸建て |
| | | | 建物 |
| 8月29日 | 大阪高判 | 判時1410号69頁 | 雑居ビル |
| 9月20日 | 東京地判 | 判時1413号92頁 | 鉄筋・マンション |
| 9月30日 | 東京地判 | 判時1416号104頁 | 木造建物 |
| 10月21日 | 東京高判 | 判時1412号109頁 | 建物 |
| 11月12日 | 東京地判 | 判時1421号87頁 | マンション |
| 11月28日 | 東京地判 | 判タ791号246頁 | 一戸建て |
| 12月25日 | 東京地判 | 判時1434号90頁 | ツー・バイ・フォー・ペンション |
| 12月26日 | 福岡地判 | 判時1411号101頁 | 鉄筋造マンション |
| 平成4年 | | | |
| 1月28日 | 東京地判 | 判タ808号205頁 | 一戸建て |

## 判例分析一覧

| 請求項目 | 請求額 | 認容額 | 備考 | 頁 |
|---|---|---|---|---|
| 慰謝料(受忍限度) | 各自30万円 | 30万円1名、20万2名 | 原告9名 | 183 |
| 休業損害 | 1635万5000円 | 869万3000円 | | 162 |
| 逸失利益 | 1億1988万2480円 | 2873万5000円 | | 168 |
| 修補費用 | 1508万4836円 | 0円 | | 45 |
| 慰謝料(瑕疵・欠陥) | 91万5164円 | 90万円 | | 176 |
| 補修費用 | 732万円 | 487万円 | | 44 |
| 引越費用 | 30万円 | 0円 | | 122 |
| 賃料 | 54万2585円 | 0円 | | 128 |
| 慰謝料(瑕疵・欠陥) | 100万円 | 50万円 | | 175 |
| 得べかりし賃料 | 527万6759円 | 0円 | | 132 |
| 建物交換価値の低下分 | 1920万円 | 0円 | | 83 |
| 慰謝料(瑕疵・欠陥) | 1500万円 | 150万円 | | 183 |
| 店舗改修工事費用 | 2880万円 | 246万9864円 | | 44、56 |
| ●休業損害<br>●ホステス従業員給与分 | ●116万6000円<br>●1138万3757円 | ●116万6000円<br>●683万円 | | 161 |
| 慰謝料(受忍限度) | 155万円〜230万円 | 0円 | 原告9名 | 185 |
| 慰謝料(受忍限度) | 250万円(×2人) | 0円 | | 185 |
| 慰謝料(瑕疵・欠陥) | 100万円 | 100万円 | | 175 |
| 慰謝料(受忍限度) | 218万円 | 0円 | | 184 |
| 工事費用 | 114万円 | 79万8000円 | | 25 |
| 過失相殺 | 3割 | 被告らが建築基準法の上で適切な手続を踏まないで工事に着手したことにも一因がある(民418・722) | | 190 |
| 引越費用及び家賃 | 150万円 | 150万円 | | 126 |
| 慰謝料(瑕疵・欠陥) | 300万円 | 300万円 | | 175 |
| 価格の下落分 | 100万円 | 0円 | 原告3名 | 83 |
| 慰謝料(瑕疵・欠陥) | 100万円 | 15〜25万円 | 原告3名 | 174 |
| 目隠し措置、防音措置、排水パイプ撤去、屋根部分撤去 | 否定 | | | 53、60 |
| 慰謝料(受忍限度) | 10万円 | 0円 | | 184 |

| 年月日 | 裁判所 | 出典 | 建物 |
|---|---|---|---|
| 1月31日 | 横浜地判 | 判タ793号197頁 | マンション |
| 2月21日 | 大阪地判 | 判時1457号122頁 | 店舗兼鉄筋鉄骨造共同住宅 |
| 3月19日 | 東京地判 | 判時1442号126頁 | マンション |
| 4月8日 | 仙台地判 | 判時1446号98頁 | 建物 |
| 4月27日 | 東京地判 | 判時1458号105頁 | 木造一戸建て |
| 5月26日 | 東京地判 | 判時1450号89頁 | 建物 |
| 7月23日 | 東京地判 | 金商932号33頁 | 土地 |
| 9月1日 | 福岡地小倉支判 | 判タ802号181頁 | 雑居ビル |
| 10月28日 | 東京地判 | 判時1467号124頁 | 土地 |
| 12月4日 | 京都地判 | 判タ809号167頁・判時1476号142頁 | マンション |
| 12月8日 | 仙台高判 | 判時1468号97頁 | 飲食店 |
| 12月9日 | 東京地八王子支判 | 判時1465号106頁 | マンション |
| 12月21日 | 東京地判 | 判タ843号221頁 | 鉄筋(骨)・店舗建物 |
| 12月21日 | 大阪地判 | 判時1453号146頁 | 高層リゾートマンション |

# 判例分析一覧

| 請求項目 | 請求額 | 認容額 | 備考 | 頁 |
|---|---|---|---|---|
| 設計費用 | 1500万円 | 0円 | | 19 |
| 逸失賃料 | 925万2000円 | 0円 | | 132 |
| 建物の一部撤去 | 認容 | | | 59 |
| 家具類損傷費用 | 不明 | 450万円(3人分) | | 29、55 |
| 補修費用(内装工事費用) | 689万円 | 650万円 | | 44、55 |
| 弁護士費用 | 169万8000円 | 0円 | | 149 |
| 調査料 | 31万9580円 | 31万9580円 | | 13 |
| 補修工事費用 | 2089万4726円 | 780万円 | | 37、51 |
| 復旧工事期間中の転居費用 | 220万円 | 0円 | | 121 |
| 休業損害 | 291万5000円 | 0円 | | 164 |
| 休業損害 | 33万8500円 | 0円 | | 163 |
| 仲介料 | 1億円 | 0円 | | 92 |
| 逸失利益 | 6747万5097円 | 3705万1865円 | | 168 |
| 撤去費用 | 895万円 | 207万1400円 | | 35 |
| 補修費用(配管取替え工事費用) | 279万5760円 | 139万7880円 | | 43 |
| 慰謝料(瑕疵・欠陥) | 50万円 | 0円 | | 179 |
| 過失相殺 | 5割 | 根本的な原因は設計にあり、専門家の行った設計の不備まで責任を負わせられることはできないとした(民418・722) | | 190 |
| 補修費用 | 575万4000円 | 380万円 | | 37 |
| 休業損害 | 3350万円 | 384万円 | | 161 |
| 汲取槽の設置及び維持費用 | 546万5000円 | 333万円 | | 43 |
| 調査費用 | 50万円 | 0円 | | 15 |
| 修繕費用 | (施工業者と設計監理者に対して)1億1519万3000円(ただし、このうちの一部請求) | ●(施工業者) 280万1150円 ●(監理業者) 197万6150円 | | 40、42、43 |
| 弁護士費用 | 600万円 | 0円 | | 149 |
| 資産価値の下落分 | 1050万円 | 237万4800円 | | 78 |

| 年月日 | 裁判所 | 出典 | 建物 |
|---|---|---|---|
| 平成5年 | | | |
| 1月28日 | 東京地判 | 判時1470号91頁 | マンション |
| 1月29日 | 浦和地判 | 判タ816号221頁 | 鉄筋(骨)・デパート |
| 3月16日 | 京都地判 | 判タ827号250頁 | マンション |
| 3月24日 | 東京地判 | 判時1489号127頁 | 木造一戸建て(地下室) |
| 3月26日 | 福岡地判 | 判時1459号60頁 | 坑道 |
| 3月29日 | 東京地判 | 判時1466号10頁 | マンション |
| 4月26日 | 東京地判 | 判時1413号74頁 | 雑居ビル |
| 4月26日 | 東京地判 | 判タ827号191頁 | 鉄筋コンクリート造マンション |
| 6月1日 | 東京地判 | 判時1503号87頁 | 工作物(コンクリート・ブロック) |
| 6月11日 | 名古屋地判 | 判タ838号218頁 | 土地・木造一戸建て |
| 7月26日 | 東京地判 | 判時1488号116頁 | 工場 |
| 10月25日 | 東京地判 | 判時1508号138頁 | エレベーター |
| 11月25日 | 東京地判 | 判時1500号175頁 | マンション |

# 判例分析一覧

| 請求項目 | 請求額 | 認容額 | 備考 | 頁 |
|---|---|---|---|---|
| 修復工事代金 | 123万5000円 | 63万1170円 | | 43、55 |
| 逸失利益 | 98万4000円 | 0円 | | 132 |
| ●治療費<br>●入院中の雑費<br>●アキシール(小便袋)代<br>●装具代<br>●車椅子代<br>●貸しベッド代<br>●家屋改造費<br>●交通費<br>●医者に対する謝礼<br>●付添費 | ●449万4232円<br>●82万9472円<br>●1412万8098円<br>●30万6284円<br>●34万5240円<br>●13万8020円<br>●3030万円<br>●126万5580円<br>●88万円<br>●4147万2447円 | ●0円<br>●0円<br>●0円<br>●0円<br>●0円<br>●0円<br>●0円<br>●0円<br>●0円<br>●0円 | | 155 |
| 休業損害 | 28万0288円 | 0円 | | 163 |
| 逸失利益 | 7972万6933円 | 0円 | | 170 |
| 家屋の損傷を補修する費用 | 898万8200円 | 644万8740円 | | 45、51 |
| 慰謝料(受忍限度) | 3200万円 | 160万円 | 原告8名 | 182 |
| 工事費用 | 441万1600円 | 441万1600円 | | 46 |
| 登記費用 | 22万5250円 | 22万5250円 | | 99 |
| 慰謝料(人損) | 300万円 | 10万円 | | 174 |
| 弁護士費用 | 最高450万円 | 慰謝料認容額の1割 | | 147 |
| 売買代金 | 5700万円 | 5700万円 | | 72 |
| 造作代金請求 | 380万1400円 | 0円 | | 31 |
| 修理費用 | 255万円 | 255万円 | | 55 |
| 休業損害 | 268万6433円 | 0円 | | 163 |
| 売却損 | 3100万円 | 0円 | | 83 |
| 通行権に基づく工作物撤去請求 | 認容 | | | 59 |
| 違約金 | 1725万円 | 1725万円 | | 67 |
| 賃借権滅失に基づく損害金 | (最高)3500万円 | 0円 | 原告7名 | 137 |
| 休業損害 | 830万6824円 | 612万9005円 | | 161 |
| 手付金を含む売買代金の一部 | 750万円 | 750万円 | | 67 |

| 年月日 | 裁判所 | 出典 | 建物 |
|---|---|---|---|
| 12月 9日 | 大阪地判 | 判時1507号151頁 | マンション |
| 12月14日 | 福岡地判 | 判自126号72頁 | 鉄筋・マンション |
| 12月16日 | 東京地判 | 判タ849号210頁 | 鉄筋コンクリート造マンション |
| 12月27日 | 東京地判 | 判時1505号88頁 | 不動産 |
| 平成6年 | | | |
| 1月24日 | 東京地判 | 判時1517号66頁 | リゾートマンション |
| 1月25日 | 岡山地判 | 判タ860号212頁 | 鉄筋(骨)・雑居ビル(エスカレーター) |
| 2月 1日 | 福岡地小倉支判 | 判タ876号186頁 | マンション |
| 2月24日 | 東京高判 | 判タ859号203頁 | マンション |
| 3月 3日 | 札幌地判 | 判時1525号139頁 | 土地 |
| 3月24日 | 東京高判 | 判タ859号203頁 | マンション |

| 請求項目 | 請求額 | 認容額 | 備考 | 頁 |
|---|---|---|---|---|
| 売却損 | 売買代金の2割 | 6万円～250万円 | 原告21名 | 78 |
| 管理費 | 50万円 | 6万円～15万円 | 原告21名 | 139 |
| 慰謝料(受忍限度) | 100万円 | 0円 | | 184 |
| 測量費 | 24万7840円 | 0円 | | 15 |
| 追加設計料 | 100万円 | 0円 | | 19 |
| 違約金 | 5805万4826円 | 5805万4826円 | | 67 |
| 仲介手数料 | 1749万円3333円 | 0円 | | 91 |
| ●登録免許税<br>●不動産取得税<br>●固定資産税 | ●300万2400円<br>●117万7200円<br>●48万4700円 | ●0円<br>●0円<br>●40万2841円 | | 104 |
| 印紙代 | 6万6666円 | 0円 | | 116 |
| 管理費 | 578万2058円 | 288万4352円 | | 139 |
| 仲介手数料 | 1099万円 | 0円 | | 91 |
| 設計計画費 | 2720万円 | 2176万円 | | 18 |
| 土地売却損 | 9945万円 | 0円 | | 82 |
| 金融機関への支払利息 | 2億127万1497円 | 0円 | | 110 |
| 地主に対する特別対策費 | 7702万8996円 | 0円 | | 136 |
| ●治療費<br>●通院付添費 | ●1万4240円<br>●4万5000円 | ●0円<br>●0円 | | 154 |
| 逸失利益 | 149万1095円 | 0円 | | 170 |
| 駐車料金 | 2440万円 | 2440万円 | | 144 |
| 補修費用 | 246万3000円 | 246万3000円 | | 46 |
| 売却差損 | 1800万円 | 0円 | | 82 |
| 逸失賃料 | 697万円 | 127万5000円 | | 131 |
| 過失相殺 | 1割 | | 本件瑕疵である湿気・臭気がどこから来ているのかが約1年に渡り不明であった(民418・722) | 189 |
| 競落代金 | 280万円 | 196万円 | | 93 |
| 慰謝料(瑕疵・欠陥) | 30万円 | 0円 | | 179 |

| 年月日 | 裁判所 | 出典 | 建物 |
| --- | --- | --- | --- |
| 3月26日 | 東京高判 | 判時1515号86頁 | マンション |
| 3月29日 | 東京地判 | 判タ868号217頁 | マンション |
| 3月31日 | 東京地判 | 判時1525号74頁 | 土地 |
| 4月28日 | 大阪高判 | 判タ878号172頁 | ゴミ処理プラント |
| 5月9日 | 東京地判 | 判時1527号116頁 | 鉄骨鉄筋コンクリート造マンション |
| 7月18日 | 東京高判 | 判時1518号19頁 | 一戸建て |
| 7月19日 | 東京高判 | 金商964号38頁 | 不動産 |
| 7月25日 | 東京地判 | 判時1533号64頁 | 土地 |
| 7月26日 | 東京地判 | 判時1525号83頁 | 木造一戸建て |
| 8月25日 | 千葉地松戸支判 | 判時1543号149頁 | 木造一戸建て |
| 9月1日 | 東京地判 | 判時1533号60頁 | 土地 |
| 9月21日 | 東京地判 | 判時1538号198頁 | マンション |
| 11月15日 | 東京地判 | 判時1537号139頁 | 木造一戸建て |

## 判例分析一覧

| 請求項目 | 請求額 | 認容額 | 備考 | 頁 |
|---|---|---|---|---|
| 慰謝料 | 802万5204円 | 0円 | | 51 |
| 垂れ幕の撤去請求の認否 | 認容 | | | 58 |
| 弁護士費用 | 300万円 | 0円 | | 149 |
| ●治療費<br>●付添費用<br>●将来の付添費<br>●入院雑費 | ●68万380円<br>●963万1133円<br>●3236万6474円<br>●5万2800円 | ●0円<br>●0円<br>●0円<br>●0円 | | 154 |
| 売買代金 | 1億円 | 0円 | | 73 |
| ●付添看護費<br>●自動車購入費・改修費<br>●通院交通費<br>●文書料<br>●家屋改修費 | ●3346万7580円<br>●858万9204円<br>●21万580円<br>●1万1650円<br>●843万5136円 | ●2475万8497円<br>●349万6291円<br>●21万580円<br>●1万1650円<br>●353万7358円 | 原告3名 | 152 |
| マンションの価値下落分 | 345万円 | 0円 | | 82 |
| 慰謝料（受忍限度） | 100万円 | 0円 | | 184 |
| 手付金返還 | 500万円 | 500万円 | | 66 |
| 売買代金 | 8315万7082円 | 8315万7082円 | | 71 |
| 仲介手数料 | 262万6500円 | 262万6500円 | | 89 |
| 登記手続費用 | 87万50円 | 87万50円 | | 99 |
| 固定資産税分担金 | 7万6782円 | 7万6782円 | | 103 |
| 火災保険料 | 1万1250円 | 1万1250円 | | 112 |
| 仲介手数料 | 4600万円 | 4600万円 | | 89 |
| 相当な価格との差額分 | 1億6000万円 | 9000万円 | 不当な価格と売価との差80% | 78 |
| 補修費用 | 761万4715円 | 268万583円 | | 51 |
| 補修費用 | 942万円 | 650万円 | | 35 |
| 消費税 | 28万2600円 | 28万2600円 | | 103 |
| 仲介報酬 | 305万9100円 | 305万9100円 | | 89 |
| 売却損 | 1500万円 | 1500万円 | | 77 |
| 建物切断請求 | 肯定 | | | 58 |
| 慰謝料（受忍限度） | 300万円 | 30万円 | | 182 |

| 年月日 | 裁判所 | 出典 | 建物 |
|---|---|---|---|
| 12月16日 | 東京地判 | 判タ891号139頁 | マンション |
| 平成7年 | | | |
| 1月30日 | 神戸地姫路支判 | 判時1531号92頁 | 鉄骨造マンション |
| 3月10日 | 浦和地判 | 判タ908号206頁 | 木造一戸建て |
| 3月16日 | 東京地判 | 判タ885号203頁 | マンション |
| 6月28日 | 那覇地判 | 判タ888号176頁 | 土地、建物 |
| 7月6日 | 長野地上田支判 | 判時1569号98頁 | 別荘 |
| 8月29日 | 東京地判 | 判時1560号107頁 | 土地 |
| 11月15日 | 東京地判 | 判タ912号203頁 | マンション |
| 平成8年 | | | |
| 2月5日 | 東京地判 | 判タ907号188頁 | マンション |
| 2月16日 | 横浜地判 | 判時1608号135頁 | リゾートマンション |

# 判例分析一覧

| 請求項目 | 請求額 | 認容額 | 備考 | 頁 |
|---|---|---|---|---|
| 違約金 | 134万2000円 | 134万2000円 | | 66 |
| 司法書士費用 | 80万7580円 | 22万9760円 | | 95 |
| 登記費用 | 10万円 | 10万円 | | 98 |
| 既払利息 | 416万4666円 | 349万1006円 | | 108 |
| 収入印紙代 | 10万円 | 10万円 | | 115 |
| 既払賃料 | 140万円 | 140万円 | | 135 |
| 借地権喪失 | 1億40万円 | 0円 | | 136 |
| 鑑定費用 | 120万円 | 120万円 | | 13 |
| 再施工費用等 | 2791万円 | 2093万2500円 | | 39 |
| 登記費用・不動産取得税相当額 | 97万4080円 | 97万4080円 | | 98 |
| 補修期間中の家賃 | 38万1225円 | 38万1225円 | | 125 |
| 慰謝料（瑕疵・欠陥） | 100万円 | 100万円 | | 174 |
| 補修費用 | 2717万円・1572万円 | 1134万円・659万4000円 | 原告2名 | 50 |
| 転居費用(アパート代含む) | 各232万円 | 98万円・126万円 | 原告2名 | 119 |
| 過失相殺 | 3割 | 原告らの建物の基礎構造を勘案（民418・722） | | 189 |
| 未払賃料 | 239万2520円 | 209万3216円 | | 125 |
| 競売代金 | 768万1350円 | 0円 | | 94 |
| 売却損 | 550万円 | 0円 | | 81 |
| 売却損 | 6910万2945円 | 1820万円 | | 77 |
| 登記手続費用 | 105万3800円 | 0円 | | 100 |
| 固定資産税・都市計画税 | 8万3460円 | 0円 | | 106 |
| 治療関係費 | 84万8466円 | 0円 | | 154 |
| 逸失利益 | 651万1120円 | 0円 | | 169 |
| 売却損 | 400万円 | 0円 | | 81 |
| 売却損（眺望侵害） | 799万円 | 694万8000円 | | 77 |

| 年月日 | 裁判所 | 出典 | 建物 |
|---|---|---|---|
| 7月30日 | 東京地八王子支判 | 判時1600号118頁 | 鉄筋コンクリート造マンション |
| 10月15日 | 大津地判 | 判時1591号94頁 | 一戸建て |
| 11月12日 | 最判 | 判時1585号21頁 | リゾートマンション |
| 12月26日 | 東京高判 | 判時1599号79号 | マンション |
| 12月26日 | 東京地判 | 判時1624号109頁 | 道路工事現場 |
| 平成9年 | | | |
| 2月10日 | 東京地判 | 判時1623号103頁 | 雑居ビル |
| 4月15日 | 東京地判 | 判時1631号96頁 | 共同住宅 |
| 7月7日 | 東京地判 | 判時1605号71頁 | マンション |
| 8月5日 | 山形地判 | 判時1642号30頁 | 雑居ビル |
| 8月21日 | 大津地判 | 判時1633号131頁 | 高層マンション |
| 9月8日 | 神戸地判 | 判時1652号114頁 | 鉄筋コンクリート造建物 |
| 10月15日 | 東京地判 | 判タ982号229頁 | 鉄筋コンクリート造マンション |
| 12月26日 | 横浜地判 | 判タ977号87頁 | 木造一戸建て |
| 平成10年 | | | |
| 1月16日 | 京都地判 | 判時1659号91頁 | ビル |

# 判例分析一覧

| 請求項目 | 請求額 | 認容額 | 備考 | 頁 |
|---|---|---|---|---|
| フローリングの復旧工事請求 | 否定 | | | 31 |
| 慰謝料(受忍限度) | 300万円 | 150万円 | 原告2名 | 182 |
| 慰謝料 | 500万円 | 200万円 | | 174 |
| 売買代金 | 2390万円 | 2390万円 | | 71 |
| 修繕費用 | 1億3558万5534円 | 0円 | | 42 |
| 葬儀費用 | 120万円 | 120万円 | 原告5名 | 152 |
| | | | | |
| 休業損害 | 430万6130円 | 63万3114円 | | 160 |
| 逸失利益 | 2252万0557円 | 194万5272円 | | 168 |
| 逸失利益 | 1543万6115円 | 1783万8432円 | | 168 |
| 売却損(眺望侵害) | 900万円 | 350万円 | | 77 |
| 弁護士費用 | 800万円 | 449万円 | | 147 |
| 逸失利益 | 3870万3420円 | 3190万7520円 | | 168 |
| 補修費用(二重窓工事費用) | 165万円・43万7973円 | 70万3451円・40万8000円 | 2人分 | 48 |
| 慰謝料(受忍限度) | 400万円 | 54万円 | 2人分 | 181 |
| 瑕疵補修費用 | 1億5000万円 | 0円 | | 37 |
| 売買代金 | 3億円 | 3億円 | | 71 |
| 利息 | 5786万1405円 | 5786万1405円 | | 107 |
| 弁護士費用 | 1000万円 | 0円 | | 148 |
| 慰謝料(瑕疵・欠陥) | 300万円 | 0円 | | 178 |
| 修理費用 | 5万1000円 | 5万1000円 | | 47 |
| 設計報酬金 | 624万8390円 | 0円 | | 19 |
| 建築工事費の増加分及びボーリング工事費用 | 2055万5892円 | 0円 | | 23 |
| 擁壁取壊及び再構築費用 | 1007万円 | 0円 | | 27 |
| 付帯設備費の増加分 | 1477万7810円 | 0円 | | 30 |
| 借入金増大による利息 | 2263万4000円 | 0円 | | 109 |
| 得べかりし賃料 | 3177万7200円 | 0円 | | 132 |
| | | | | |
| 逸失利益 | 632万6704円 | 52万5419円 | | 167 |

| 年月日 | 裁判所 | 出典 | 建物 |
|---|---|---|---|
| 2月25日 | 横浜地判 | 判時1642号117頁 | 賃借建物 |
| 2月27日 | 神戸地判 | 判時1667号114頁 | プール |
| 4月16日 | 大阪地判 | 判時1718号76頁 | 木造一戸建て |
| 5月13日 | 東京地判 | 判時1666号85頁 | 雑居ビル |
| 7月31日 | 大阪地判 | 判時1669号93頁 | 一戸建て住宅 |
| 11月 6日 | 大阪高判 | 判時1723号57頁 | 木造一戸建て |

| 請求項目 | 請求額 | 認容額 | 備考 | 頁 |
| --- | --- | --- | --- | --- |
| 仲介料 | 21万6300円 | 0円 | | 91 |
| 家財保険料 | 9120円 | 0円 | | 112 |
| ●賃料<br>●礼金<br>●ピアノ補修分工事費<br>●家事等運搬費<br>●電気料金費<br>●車庫証明代費用<br>●来客用駐車場賃料<br>●カーテンリフォーム代<br>●医療費<br>●電気関係設備工事費<br>●植木植栽費用<br>●内装設備工事費 | ●77万円<br>●42万円<br>●14万9350円<br>●19万3387円<br>●3万6511円<br>●1万6100円<br>●2万4000円<br>●17万5100円<br>●1万4210円<br>●33万円<br>●7万3900円<br>●35万8893円 | ●0円<br>●0円<br>●0円<br>●0円<br>●0円<br>●0円<br>●0円<br>●0円<br>●0円<br>●0円<br>●0円<br>●0円 | | 136 |
| 弁護士費用 | 1500万円 | 640万円 | | 146 |
| ●入院中の治療費<br>●退院後の治療費<br>●療養雑費<br>●付添看護費用<br>●家屋改造費<br>●自動車代<br>●車椅子・ベッド代等 | ●53万4744円<br>●262万5084円<br>●1192万7482円<br>●6945万5120円<br>●3406万8562円<br>●237万29円<br>●46万4245円 | ●53万4744円<br>●207万1200円<br>●976万9809円<br>●4649万5160円<br>●1500万円<br>●237万29円<br>●46万4245円 | | 151 |
| 売却損 | 700万円 | 0円 | | 81 |
| 慰謝料 | 300万円 | 120万円 | | 181 |
| 調査費用 | 31万2000円 | 10万6000円 | | 12 |
| 仲介手数料 | 700万円 | 700万円 | | 88 |
| 登記費用 | 1000万円 | 1000万円 | | 98 |
| 既払利息 | 165万4518円 | 0円 | | 109 |
| 印紙代 | 40万円 | 40万円 | | 115 |
| 弁護士費用 | 5000万円 | 1000万円 | | 146 |
| 慰謝料(瑕疵・欠陥) | 1000万円 | 0円 | | 178 |
| 原状修復費用 | 1667万8790円 | 473万9000円 | | 50 |
| 売却損 | 700万円 | 0円 | | 81 |
| 慰謝料(受忍限度) | 30万円 | 0円 | | 183 |

| 年月日 | 裁判所 | 出典 | 建物 |
|---|---|---|---|
| 11月26日 | 東京地判 | 判時1682号60頁 | 土地 |
| 平成11年 | | | |
| 6月25日 | 東京地判 | 判時1717号97頁 | 雑居ビル |
| 7月30日 | 神戸地判 | 判時1715号64頁 | 中古一戸建て |
| 9月 8日 | 東京高判 | 判時1710号110頁 | マンション |
| 9月20日 | 神戸地判 | 判時1716号105頁 | 軽量鉄骨コンクリートブロック造マンション |
| 10月20日 | 福岡地判 | 判時1709号77頁 | 木造一戸建て |
| 11月17日 | 札幌地判 | 判時1707号150頁 | ショッピングセンター |
| 平成12年 | | | |
| 3月21日 | 最判 | 判時1715号20頁 | マンション |
| 10月26日 | 東京高判 | 判時1739号53頁 | 土地 |

# 判例分析一覧

| 請求項目 | 請求額 | 認容額 | 備考 | 頁 |
|---|---|---|---|---|
| 撤去費用 | 3296万円 | 3090万円 | | 37 |
| 復旧工事費用 | 3007万6000円 | 1945万3313円 | | 50 |
| 転居費用 | 395万4400円 | 395万4400円 | | 119 |
| 営業補償 | 450万円 | 100万円 | | 160 |
| 補修工事費用 | 113万4000円 | 113万4000円 | | 42 |
| 慰謝料（瑕疵・欠陥） | 200万円 | 0円 | | 178 |
| 手付金 | 430万円 | 215万円 | | 66 |
| 逸失利益 | 4337万6134円〜6289万0228円 | 1858万9722円〜2695万2955円 | 原告7名 | 167 |
| 鑑定費用 | 48万2736円 | 48万2736円 | | 12 |
| 改修工事費用 | 898万8525円 | 898万8525円 | | 34 |
| 消費税 | 42万8025円 | 42万8025円 | | 103 |
| 代替住居確保のための費用 | 110万2870円 | 100万2870円 | | 119 |
| 慰謝料（瑕疵・欠陥） | 50万円 | 50万円 | | 173 |
| ●治療費<br>●入院雑費<br>●通院交通費 | ●202万4253円<br>●15万4700円<br>●4万9300円 | ●105万5532円<br>●7万4100円<br>●6960円 | | 151 |
| 休業損害 | 263万4000円 | 0円 | | 163 |
| 逸失利益 | 386万2510円 | 0円 | | 169 |
| 共用部分の修理費用 | 12万7200円 | 12万7200円 | | 142 |
| 測量費 | 39万1400円 | 0円 | | 15 |
| 解体費用 | 133万9000円 | 0円 | | 60 |
| 転売差損 | 5402万円 | 0円 | | 80 |
| 仲介手数料 | 370万8000円 | 370万8000円 | | 88 |
| 登記手続費用 | 69万7400円 | 0円 | | 100 |
| ●不動産取得税<br>●固定資産税・都市計画税 | ●59万9100円<br>●125万6932円 | ●0円<br>●0円 | | 105 |
| 売買代金の運用益 | 3392万9041円 | 0円 | | 109 |
| 収入印紙代 | 10万円 | 0円 | | 116 |

| 年月日 | 裁判所 | 出典 | 建物 |
|---|---|---|---|
| 平成13年 | | | |
| 8月20日 | 京都地判 | 最新・不動産取引の判例 不動産適正取引推進機構63頁 | 一戸建て建売住宅 |
| 平成15年 | | | |
| 1月28日 | 東京地判 | 判例秘書L05830292 | 土地 |
| 12月15日 | 東京地判 | 判例秘書L05835187 | 鉄筋コンクリートマンション |
| 平成17年 | | | |
| 12月5日 | 東京地判 | 判時1914号107頁 | マンション |
| 平成18年 | | | |
| 3月9日 | 福岡高判 | 判タ1223号205頁 | マンション |
| 6月21日 | 東京地判 | 判例秘書L06132440 | 音楽家用マンション |
| 7月24日 | 東京地判 | 判例秘書L06132898 | 木造一戸建て |
| 8月30日 | 東京高判 | 金商1251号13頁 | マンション |
| 平成19年 | | | |
| 3月28日 | 東京地判 | 判例秘書L06231458 | 共同住宅 |
| 4月25日 | 鹿児島地判 | 判時1972号126頁 | 土地 |
| 10月18日 | 京都地判 | 判例秘書L06250295 | 一戸建て |
| 平成20年 | | | |
| 1月25日 | 東京地判 | 判タ1268号220頁 | 一戸建て |
| 3月12日 | 東京地判 | 判タ1295号242頁 | プレハブ式倉庫 |
| | | | 倉庫 |

| 請求項目 | 請求額 | 認容額 | 備考 | 頁 |
|---|---|---|---|---|
| 躯体の新築工事費用 | 3064万円 | 0円 | | 26 |
| 逸失賃料 | 2032万9380円 | 0円 | | 131 |
| マンション価値下落分 | 2448万円 | 0円 | | 80 |
| 管理費 | 不明 | 不明 | 支払を裏付ける証拠が存する部分については請求を認容 | 138 |
| マンション価値下落分 | 3175万4844円 | 529万2474円－購入価格の5% | | 76 |
| 弁護士費用 | 40万円 | 0円 | | 148 |
| 補修後の建物の価値下落分 | 1000万円 | 0円 | | 80 |
| 瑕疵による価値の下落分 | 9250万円 | 0円 | | 80 |
| 逸失賃料 | 8647万円 | 12万円 | | 130 |
| 土地の減損額 | 4800万円 | 1220万円 | 原告7名 | 76 |
| 工事期間中の住居費用 | 原告1から10については各100万円、原告11については20万円（引越費用含む） | 各20万円 | 原告11名 | 125 |
| 引越費用 | 56万円 | 56万円 | | 118 |
| 仮住居の賃料 | 60万円 | 60万円 | | 124 |
| 保管品毀損に伴う営業損害 | 3718万7975円 | 2078万6723円 | | 46 |
| 営業損害 | 3718万7975円 | 0円 | | 162 |

221

| 年月日 | 裁判所 | 出典 | 建物 |
|---|---|---|---|
| 3月13日 | 東京地判 | 判例秘書L06331817 | 建物 |
| 3月14日 | 東京地判 | 判例秘書L06332207 | 土地建物 |
| 3月27日 | 東京地判 | 判例秘書L06331989 | マンション |
| 3月28日 | 福岡高判 | 判時2024号32頁 | マンション一室 |
| 4月7日 | 東京地判 | 判例秘書L06331239 | 土地 |
| 4月8日 | 東京地判 | 判例秘書L06331190 | リゾートホテル一室 |
| 4月21日 | 名古屋高判 | 判時2048号37頁 | 住宅 |
| 5月20日 | 大阪地判 | 判タ1291号279頁 | 土地建物 |
| 7月8日 | 東京地判 | 登情569号137頁 | 土地 |
| 9月24日 | 東京地判 | 判例秘書L06332412 | 土地 |
| 10月10日 | 前橋地判 | 判例秘書L06350421 | ホテル |
| 11月10日 | 札幌地判 | 判例秘書L06451021 | 木造2階建住宅 |
| 11月21日 | 東京地判 | 判例秘書L06332533 | マンション |
| 11月27日 | 東京地判 | 判例秘書L06332517 | マンション |
| 12月1日 | 東京地判 | 判例秘書L06332564 | マンション |
| 平成21年 | | | |
| 1月19日 | 最判 | 民集63巻1号97頁・判タ1289号85頁・判時2032号45頁 | カラオケ店舗 |
| 1月31日 | 横浜地判 | 自研89巻6号137頁 | マンション |
| 2月6日 | 福岡高判 | 判時2072号192頁・同法1303号205頁 | 9階建てマンション兼店舗ビル |
| 3月13日 | さいたま地判 | 判時2044号123頁 | 鉄骨鉄筋コンクリート地下1階付5階建事務所 |
| 3月24日 | 東京地判 | 判例秘書L06430134 | 土地 |
| 4月15日 | 前橋地判 | 判時2040号92頁 | ホテル建物 |

## 判例分析一覧

| 請求項目 | 請求額 | 認容額 | 備考 | 頁 |
|---|---|---|---|---|
| 仲介手数料 | 55万2720円 | 27万6360円 | | 88 |
| 違約金 | 3億350万円 | 3億350万円 | | 66 |
| ●調査費用<br>●漏水対策工事費用 | ●121万4100円<br>●226万0650円 | ●121万4100円<br>●226万0650円 | | 141 |
| 違約金 | 528万円 | 200万円 | | 65 |
| 売買代金 | 4350万円 | 0円 | | 73 |
| 売買代金の一部 | 200万円 | 200万円 | | 71 |
| 基礎工事やり直し費用等 | 5130万円 | 3815万7672円 | | 41 |
| 仲介手数料 | 56万7000円 | 不明 | | 87 |
| 登記関係費用 | 34万3200円 | 不明 | | 97 |
| ●固定資産税・都市計画税<br>●不動産取得税 | ●8万5165円<br>●21万200円 | ●不明<br>●不明 | | 102 |
| 火災保険料 | 77万2800円 | 不明 | | 111 |
| 調査及び対策費用 | 5億8970万5850円 | 5億8970万5850円 | | 22 |
| 売買代金 | 4億6000万円 | 4億6000万円 | | 71 |
| 営業再開後の逸失利益 | 1億5708万4320円 | 1485万8970円 | | 167 |
| 撤去費用 | 194万5650円 | 96万円 | | 58 |
| 既払賃料 | 168万円 | 44万8000円 | | 135 |
| 駐車料金 | 10万800円 | 10万800円 | | 143 |
| 印紙代 | 不明 | 不明 | | 115 |
| 休業損害 | 不明 | 不明 | 破棄差し戻し | 160 |
| 解体撤去費用 | 1億5225万円 | 1億5225万円 | | 58 |
| 躯体の補修工事費用 | 2億4372万6972円 | 0円 | | 26 |
| 設備関係の補修費用 | 4078万1597円 | 0円 | | 30 |
| 慰謝料(受忍限度) | 20万円 | 10万円 | 原告20名のうち18名 | 181 |
| 違約金 | 4400万円 | 4400万円 | | 65 |
| 耐震設計費用 | 266万7000円 | 0円 | | 18 |

| 年月日 | 裁判所 | 出典 | 建物 |
|---|---|---|---|
| 7月14日 | 福岡地小倉支判 | 判タ1322号188頁 | 土地 |
| 8月31日 | 大阪地判 | 判時2068号100頁 | 建物 |
| 9月1日 | 東京地判 | 判タ1324号176頁 | 土地建物 |
| 10月16日 | 東京地判 | 判タ1350号199頁 | 土地建物 |
| 10月30日 | 京都地判 | 判時2080号54頁 | ホテル建物 |
| 11月26日 | 大阪地判 | 判タ1348号166頁 | マンション |
| 12月26日 | 東京地判 | 判例秘書L06430093 | 土地 |
| 平成22年 | | | |
| 1月26日 | 福島地判 | 判例秘書L06550102 | 土地 |
| 3月8日 | 東京地判 | 判例秘書L06530224 | 土地 |
| 4月22日 | 札幌地判 | 判時2083号96頁 | マンション |
| 8月27日 | 東京地判 | 判例秘書L06530467 | 土地建物 |
| 10月5日 | 京都地判 | 判時2103号98頁 | 鉄筋コンクリート6階建てマンション |
| 平成23年 | | | |
| 1月13日 | 仙台地判 | 判時2112号75頁 | 自宅兼賃貸用マンション<br><br>共同住宅 |

# 判例分析一覧

| 請求項目 | 請求額 | 認容額 | 備考 | 頁 |
|---|---|---|---|---|
| 基礎工事増加工事費 | 2310万2100円 | 2310万2100円 | | 22 |
| 弁護士費用 | 666万円 | 450万円 | | 146 |
| ●治療関係費<br>●通院付添費及び自宅付添費<br>●入院雑費<br>●通院交通費<br>●器具購入費<br>●葬儀関係費用 | ●632万1679円<br>●23万7000円<br><br>●23万7900円<br>●45万4518円<br>●10万525円<br>●354万7563円 | ●505万3711円<br>●0円<br><br>●23万7900円<br>●45万4118円<br>●1万1380円<br>●150万円 | | 151 |
| 違約金 | 13億7052万6750円 | 0円 | | 69 |
| 違約金 | 9億5220万円 | 9億5220万円 | | 65 |
| 設計費用 | 399万円 | 0円 | | 18 |
| 違約金 | 280万円 | 280万円 | | 64 |
| 売買代金 | 2800万円 | 2800万円 | | 70 |
| 仲介手数料 | 663万円 | 530万4000円 | | 87 |
| 補修工事及び基礎地業改修工事費用 | 2905万6236円 | 2532万7636円 | | 34 |
| 減価額 | 1876万円 | 200万円 | | 76 |
| 売買代金 | 最高4740万円 | 最高4740万円 | 原告14名 | 70 |
| ●違約金<br>●手付金 | ●1億円<br>●1億円 | ●1億円<br>●1億円 | | 64 |
| 騒音被害の損害賠償請求 | 不明 | 原告各自40万円から10万円の範囲で認容 | | 47 |
| 柱のかぶり厚さ不足、帯筋間隔不良、一階柱脚部帯筋不足の補修工事費用 | 489万0321円 | 489万0321円 | | 25 |
| 逸失賃料 | 1183万2000円 | 58万円 | | 130 |
| 損益相殺 | 5割 | 耐用年数や外観の面(現状に瑕疵が存在しない部分についても外壁タイルが設置され、引渡しから現在までに10年以上が経過している)で、原告に少なからぬ利益が生じることから | | 194 |

| 年月日 | 裁判所 | 出典 | 建物 |
|---|---|---|---|
| 1月18日 | 神戸地判 | 判タ1367号152頁 | 一戸建て(別荘) |
| 3月 3日 | 東京地判 | 判タ1363号100頁 | 住宅 |
| 3月 8日 | 福岡高判 | 判タ1365号119頁 | マンション一室 |
| 3月24日 | 福岡地判 | 判時2119号86頁 | マンション |
| 3月25日 | 東京地判 | 判例秘書L06630163 | ショッピングセンター |
| 3月30日 | 東京地判 | 判タ1365号150頁 | マンション |
| 3月30日 | 東京地判 | 判時2126号73頁 | 分譲マンション |
| 6月14日 | 東京地判 | 判時2148号69頁 | マンション |
| 9月27日 | 東京地判 | 判例秘書L06630539 | 産業廃棄物処理工場 |
| 10月12日 | 東京地判 | 判例秘書L06630575 | 土地建物 |
| 10月14日 | 大阪高判 | 判タ1400号116頁 | 土地 |
| 12月14日 | 東京高判 | 判例秘書L06620601 | 市道 |
| 平成24年 | | | |
| 1月10日 | 福岡高判 | 判タ1387号238頁・判時2158号62頁 | 9階建ての共同住宅・店舗 |
| | | | 共同住宅・店舗 |
| 1月10日 | 福岡高判 | 判時2196号19頁 | 建物 |
| 1月31日 | 横浜地判 | 判タ1389号155頁・判時2146号91頁 | マンション |

| 請求項目 | 請求額 | 認容額 | 備考 | 頁 |
|---|---|---|---|---|
| 引越費用 | 30万円 | 0円 | | 121 |
| 代替建物費用 | 100万円 | 0円 | | 127 |
| 住宅用床材の瑕疵による修補費用 | 24億6749万0124円 | 12億3447万0296円 | | 38 |
| 減価額 | 600万円 | 100万円 | | 75 |
| 調査費用 | 832万2482円 | 832万2122円 | | 12 |
| 補修に伴う実施設計費用 | 104万3250円 | 104万3250円 | | 17 |
| 建替工事費用 | 6億7889万2200円 | 0円 | | 60 |
| 代替住居移転の仲介手数料 | 483万円＝一戸1万1150円×42戸 | 483万円＝一戸1万1150円×42戸 | | 87 |
| 賃借権喪失による損害 | 13億円 | 0円 | | 135 |
| 仮住まい移転の仲介手数料 | 不明 | 不明 | 原告51名 | 87 |
| 慰謝料（瑕疵・欠陥） | 300万円 | 200万円 | 一戸あたり | 173 |
| 管理費等 | 529万2224円 | 0円 | | 140 |
| 本件工場の改修に必要となった費用 | 1827万円 | 0円 | | 29 |
| 仲介手数料 | 140万2300円 | 140万2300円 | | 86 |
| 固定資産税 | 10万9584円 | 0円 | | 105 |
| 借入金利息 | 2億2365万3750円 | 1000万円 | | 107 |
| 休業損害 | 不明 | 25万6732円 | | 159 |
| 後遺症による逸失利益 | 不明 | 1443万9990円 | | 166 |
| | | | | |
| 躯体の補修工事費用 | 2億4372万6972円 | 1203万7056円 | | 25 |
| 引越費用 | 2500万円 | 0円 | | 121 |
| 過失相殺 | 否定 | | | 192 |
| 調査費用 | 798万円 | 798万円 | | 11 |
| 登記費用 | 不明 | 不明 | | 97 |
| 火災保険料・地震保険料 | 不明 | 不明 | | 111 |
| 印紙代 | 不明 | 不明 | | 114 |

| 年月日 | 裁判所 | 出典 | 建物 |
|---|---|---|---|
| 2月 8日 | 東京地判 | 判タ1388号216頁 | 土地 |
| 4月18日 | 横浜地判 | 判例秘書L06750192 | 新築一戸建て(太陽光発電用ソーラーパネル) |
| 6月 8日 | 東京地判 | 判時2169号26頁 | 土地 |
| | | | 一戸建て |
| 6月22日 | 東京地判 | 判時2196号19頁 | 一戸建て |
| 7月 6日 | 東京地判 | 判時2163号61頁 | 土地 |
| 8月 7日 | 東京地判 | 判時2168号86頁 | 土地 |
| 10月19日 | 大阪地判 | 判時2201号90頁 | マンション |
| 11月 7日 | 東京地判 | 判例秘書L06730724 | 土地建物 |
| 12月 4日 | 大津地判 | 判例秘書L06750622 | 市道 |
| 12月 7日 | 静岡地判 | 判時2173号62頁 | 分譲マンション |
| 12月13日 | 東京地判 | 判例秘書L06730749 | 土地 |

| 請求項目 | 請求額 | 認容額 | 備考 | 頁 |
|---|---|---|---|---|
| 仲介料 | 388万811円 | 0円 | | 90 |
| 登記費用 | 44万1140円 | 0円 | | 99 |
| ●固定資産税及び都市計画税<br>●不動産取得税 | ●27万3172円<br>●53万7000円 | ●0円<br>●0円 | | 105 |
| 借入金金利 | 365万4050円 | 0円 | | 108 |
| 慰謝料(受忍限度) | 100万円 | 10万円 | | 181 |
| 調査費用 | 144万0970円 | 102万1580円 | | 11 |
| 引越費用 | 90万円 | 0円 | | 120 |
| 仮住居費用 | 100万円 | 0円 | | 127 |
| 欠陥調査鑑定費用 | 44万3600円 | 0円 | | 14 |
| 過失相殺 | 否定 | | | 192 |
| 底盤コンクリート残置による追加、変更工事費用 | 735万円 | 735万円 | | 22 |
| 得べかりし利益 | 1億6584万円 | 0円 | | 79 |
| 慰謝料(受忍限度) | 100万円 | 0円 | | 183 |
| 手付金 | 225万円 | 225万円 | | 64 |
| 弁護士費用 | 245万9986円 | 120万円 | | 146 |
| ●治療費<br>●入院雑費<br>●通院交通費<br>●治療関係費 | ●59万1526円<br>●23万8500円<br>●4800円<br>●5000円 | ●59万1526円<br>●23万8500円<br>●4800円<br>●5000円 | | 150 |
| 休業損害 | 841万285円 | 402万3483円 | | 159 |
| 後遺障害による逸失利益 | 824万9757円 | 493万3301円 | | 166 |
| ●引越費用<br>●トランクルーム費<br>●引越支度金 | ●1523万6139円<br>●82万3570円<br>●360万円 | ●1523万6139円<br>●82万3570円<br>●360万円 | | 118 |
| 一時転居先の家賃及び敷金礼金、仲介料等 | 2647万6683円 | 2647万6683円 | | 124 |
| 地中物撤去工事費用 | 137万5500円 | 137万5500円 | | 21 |
| 減価額 | 4606万1312円 | 500万円 | | 75 |

| 年月日 | 裁判所 | 出典 | 建物 |
|---|---|---|---|
| 平成25年 | | | |
| 2月26日 | 大阪地判 | 判タ1389号193頁 | マンション |
| 2月27日 | 福岡高判 | 判時2254号44頁 | マンション |
| 3月11日 | 東京地判 | 判例秘書L06830310 | マンション |
| 3月29日 | 東京地判 | 判例秘書L06830291 | 土地 |
| 3月29日 | 津地裁四日市支判 | 判時2186号67頁 | 道路 |
| 4月18日 | 東京地判 | 判例秘書L06830340 | 土地建物 |
| 4月26日 | 名古屋地判 | 判時2205号74頁 | 土地 |
| 5月8日 | 東京高判 | 判時2196号12頁 | 新築一戸建て |
| 5月9日 | 東京地判 | 判例秘書L06830404 | 複数の住宅 |
| 7月3日 | 東京地判 | 判時2213号59頁 | マンション |
| 7月30日 | 東京地判 | 判例秘書L06830600 | 木造一戸建て |
| | | | 鉄筋コンクリート一戸建て |
| 8月21日 | 東京地判 | 判例秘書L06830648 | 土地 |
| 8月27日 | 東京地判 | 判例秘書L06830637 | 木造一戸建て |

判例分析一覧

| 請求項目 | 請求額 | 認容額 | 備考 | 頁 |
|---|---|---|---|---|
| 調査費用 | 6846万7875円 | 1500万円 | | 11 |
| 基礎梁修補工事費用 | 不明 | 189万6000円 | | 24 |
| 取壊費用及び建築費用 | 6億7889万2200円 | 5億5154万2200円 | | 57 |
| 瑕疵による価値の下落分 | 1230万円 | 0円 | | 79 |
| 減価額 | 500万円、土地価格4340万円の20%の下落868万円の内金として請求 | 500万円 | | 75 |
| ●治療費<br>●付添費<br>●入院雑費<br>●交通費 | ●95万2140円<br>●42万2500円<br>●9万7500円<br>●11万2000円 | ●0円<br>●0円<br>●0円<br>●0円 | | 153 |
| 違約金 | 408万円 | 408万円 | | 64 |
| 杭地業工事による増加工事費用 | 212万0638円 | 212万0638円 | | 21 |
| 慰謝料(瑕疵・欠陥) | 100万円 | 0円 | | 177 |
| 過失相殺 | 5分 | | 専門家に相談するまでに約1年が経過した(民418・722) | 189 |
| 補修工事費用 | 8694万7116円 | 137万6250円 | | 40 |
| 過失相殺 | 2割5分 | | 元請け業者にも孫請け業者に対して是正指示をする機会があった(民418・722) | 189 |
| 減価額等 | 1億円 | 600万円 | | 75 |
| 構造用合板、筋交い及び出隅柱補修工事費用 | 203万5362円 | 203万5362円 | | 39 |
| 一時転居先の家賃(転居費用含む) | 不明 | 0円 | | 127 |
| 購入差額 | 7014万2000円 | 2000万円 | | 74 |
| 仲介手数料 | 214万円または126万円 | 63万円 | | 86 |
| 補修費用 | 666万9274円 | 277万9170円 | | 38 |
| 過失相殺 | 5割 | | 工事監督及び管理を怠って損害を拡大させた施工業者の過失も相当に重いとした(民418・722) | 188 |

231

| 年月日 | 裁判所 | 出典 | 建物 |
|---|---|---|---|
| 9月 4日 | 東京地判 | 判例秘書L06830759 | 土地 |
| 10月 4日 | 東京地判 | ウエストロー2013 WLJPCA10048003 | 工場 |
| 10月28日 | 神戸地 尼崎支判 | 判例秘書L06850609 | マンション |
| 10月28日 | 札幌地裁 小樽支判 | 判時2212号65頁 | 一戸建て建物 |
| 12月13日 | 東京地判 | 判例秘書L06830960 | マンション |
| 平成26年 | | | |
| 1月23日 | 大阪高判 | 判例秘書L06920661 | 分譲マンション |
| 1月31日 | 東京地判 | 判例秘書L06930175 | 木・鉄骨造3階建住宅 |
| | | | 一戸建て建物 |
| | | | 新築一戸建て |
| 2月27日 | 大阪高判 | 高民67巻1号1頁・判タ1406号115頁・判時2236号72頁 | 店舗兼倉庫 |
| 3月 6日 | 津地判 | 判時2229号50頁 | 一戸建て |
| 4月28日 | 東京地判 | 判例秘書L06930345 | 土地 |
| 5月22日 | 東京地判 | 判例秘書L06930407 | 土地 |

| 請求項目 | 請求額 | 認容額 | 備考 | 頁 |
|---|---|---|---|---|
| 違約金 | 940万円 | 940万円 | | 63 |
| ボイラー室等新設工事、乾燥機設置のための高圧受電設備工事費用 | 2676万7650円 | 2280万3000円 | | 29 |
| 仲介手数料 | 2万1000円 | 2万1000円 | | 86 |
| 住宅保険料 | 2万6700円 | 2万6700円 | | 111 |
| 転居費用 | 18万円 | 18万円 | | 118 |
| 弁護士費用 | 190万584円 | 0円 | | 148 |
| 土地測量費用 | 105万円 | 0円 | | 14 |
| 印紙代 | 2万2500円 | 2万2500円 | | 114 |
| 慰謝料(受忍限度) | 一戸あたり100万円 | 10万円〜50万円 | | 180 |
| 補修工事費用 | 747万6836円 | 150万円 | | 40 |
| 仮住居費用 | 160万1667円 | 0円 | | 126 |
| 慰謝料(瑕疵・欠陥) | 200万円 | 0円 | | 177 |
| 過失相殺 | 否定 | | | 191 |
| 休業損害 | 815万3589円 | 815万3589円 | | 159 |
| 死亡による逸失利益 | 1563万3772円 | 1340万1302円 | | 166 |
| ●転居費用<br>●その他代替地への転居費用 | ●10万円<br>●4060万1901円 | ●10万円<br>●3900万1901円 | | 117 |
| 一時転居先たる社宅使用料 | 52万4800円 | 30万7200円 | | 124 |
| 仲介料 | 636万3000円 | 0円 | | 90 |
| 司法書士費用 | 6万3382円 | 0円 | | 95 |
| ●登録免許税請求額<br>●不動産取得税 | ●200万9600円<br>●231万8800円 | ●0円<br>●0円 | | 104 |
| 印紙代 | 8万円 | 0円 | | 116 |
| 仲介料 | 2706万円 | 0円 | | 90 |

| 年月日 | 裁判所 | 出典 | 建物 |
|---|---|---|---|
| 9月16日 | 東京地判 | 判例秘書L06930583 | 鉄筋コンクリート造地上6階地下1階建マンション |
| 9月17日 | 京都地判 | 判時2249号72頁 | 木造一戸建て |
| | | | 鉄筋コンクリート造マンション |
| 9月30日 | 東京地判 | 判例秘書L06930591 | 土地 |
| 10月28日 | 東京地判 | 判時2245号42頁 | マンション |
| 10月31日 | 東京地判 | 判時2247号44頁 | 土地、建売住宅 |
| | | | 土地建物 |
| 平成27年 | | | |
| 1月14日 | 東京地判 | 判例秘書L07030087 | 木造一戸建て |
| | | | 一戸建て |
| 1月20日 | 長崎地判 | 判例秘書L07050011 | ゴミ処理施設 |
| 1月29日 | 東京地判 | 判例秘書L07030081 | 土地建物 |
| 1月30日 | 東京地判 | 判例秘書L07030145 | 一戸建て建売住宅 |
| 3月30日 | 仙台地判 | 判例秘書L07050195 | マンション |
| 3月30日 | 仙台地判 | 判例秘書L07050195 | 集合住宅 |
| 4月10日 | 東京地判 | 判例秘書L07030459 | 新築一戸建て |

| 請求項目 | 請求額 | 認容額 | 備考 | 頁 |
|---|---|---|---|---|
| 内装工事費用 | 3者それぞれに対して5317万8298円 | 現所有者に対して2511万7721円、旧所有者に対して0円、施工業者に対して73万9000円 | | 41 |
| 調査費用 | 55万6500円 | 0円 | | 14 |
| 弁護士費用 | 1680万円 | 44万円 | | 145 |
| 休業損害 | 7130万9466円 | 260万1989円 | | 159 |
| 違約金 | 1320万円 | 1320万円 | | 63 |
| 駐車料金 | 389万円 | 0円 | | 144 |
| 地盤改良工事費用及び建物取壊費用 | 5億4104万円 | 0円 | | 33 |
| 弁護士費用 | 435万1543円 | 0円 | | 147 |
| 治療費 | 8150円 | 0円 | | 153 |
| 液状化対策杭工事費用 | 900万円 | 0円 | | 36 |
| 解体費用、再建築工事費用 | 1億1364万8250円 | 0円 | | 59 |
| 用役費及び運転経費 | 14億3998万5541円 | 14億3998万5541円 | | 28 |
| ●手付金<br>●違約金 | ●1000万円<br>●6160万円 | ●1000万円<br>●0円 | | 62 |
| 沈下修正工事費用 | 920万3817円 | 0円 | | 33 |
| 解体・新築費用 | 4億2262万5000円 | 4億2262万5000円 | | 57 |
| 逸失賃料 | 3330万8160円 | 3310万3360円 | | 130 |
| 慰謝料(瑕疵・欠陥) | 1000万円 | 120万円 | | 172 |
| 慰謝料(瑕疵・欠陥) | 300万円 | 0円 | | 176 |

# 事項別索引

### ▶あ
悪臭 ………………… 51、53、60、182
アスベスト ……………………… 166
雨漏り ……………………………… 14

### ▶い
意見書作成費用 …………………… 10
慰謝料 ……………… 6、27、172、173
異臭 ……………………………… 46
一部撤去請求 …………………… 59
逸失賃料 ………………………… 129
逸失利益 …………………………… 6
違約金 …………………………… 62
印紙代 …………………………… 114
飲食店 …………………………… 161
引水設備 ………………………… 43

### ▶う
雨水 ……………………………… 24
得べかりし賃料 ………… 129、132、133
運転経費 ………………………… 28
運転費用 ………………………… 28
運用利益 ………………………… 107

### ▶え
営業再開後の逸失利益 …………… 167
営造物 …………………………… 146
営造物責任 ………………… 152、153
液状化 …………………… 33、153

液状化対策杭工事 ……………… 36
エレベーター …………………… 161

### ▶お
オーエムソーラーシステム ……… 41
汚水管設備 ……………………… 43
覚書 ……………………………… 30

### ▶か
解体・撤去費用 ……………… 4、57
外壁 ……………………………… 39
外壁通気構法 …………………… 40
家屋改造費 ……………………… 150
化学物質過敏症 ………………… 136
家具 ………………………… 29、44
隠れた瑕疵 ………………… 22、135
がけ条例 ………………………… 26
火災保険料 ………… 111、112、113
瑕疵担保期間 …………………… 32
過失 ……………………………… 188
過失相殺 …………………… 6、188、189
風環境 …………………………… 183
カビ ……………………………… 46
カラオケ店舗 …………………… 160
借入利息 ………………………… 107
観光用リフト ………………… 45、169
乾燥機設置 ……………………… 29
管理費 …………………………… 138
完了検査済証 ……………… 15、19

237

### ▶き

| | |
|---|---|
| 器具購入費 | 151 |
| 基礎 | 36 |
| 基礎関係工事 | 21 |
| 基礎梁修補工事費用 | 24 |
| 既払賃料 | 134、135 |
| 基本契約書 | 17 |
| 基本的な安全性 | 118 |
| 客観的価値の減少分 | 45 |
| 休業損害 | 6、158 |
| 行政指導 | 19、23、30 |
| 共同住宅 | 168 |

### ▶く

| | |
|---|---|
| 杭打ち工事 | 21 |
| 躯体関係工事 | 24 |
| 区分所有 | 138 |
| 区分所有関係 | 5 |
| 汲取槽 | 43 |
| クラック | 24 |

### ▶け

| | |
|---|---|
| 景観権 | 47 |
| 景観侵害 | 47 |
| 景観利益 | 47 |
| 傾斜を測定した費用 | 11 |
| 競売代金 | 93 |
| 契約関係費用 | 4 |
| 軽量鉄骨コンクリートブロック造マンション | 167 |
| 化粧シート | 38 |

| | |
|---|---|
| 欠陥調査鑑定費用 | 15 |
| 限界耐力計算 | 60 |
| 減価額 | 74 |
| 検査済証 | 24 |
| 原状回復費用 | 4 |
| 県条例 | 60 |
| 建設反対運動 | 19 |
| 建築主事 | 18 |

### ▶こ

| | |
|---|---|
| 高圧受電設備工事 | 29 |
| 後遺障害による逸失利益 | 166 |
| 後遺症による逸失利益 | 167 |
| 広告塔建築費用 | 31 |
| 工作物責任 | 56、131、137、146、147、151、152、154、155、159、161 |
| 工作物撤去請求 | 59 |
| 工事関係費用 | 4 |
| 工事監理 | 30 |
| 構造計算 | 12、17、57 |
| 構造計算書偽装事件 | 18 |
| 構造耐力 | 24、26 |
| 構造用合板 | 39 |
| 交通の危険 | 51 |
| 光熱費 | 28 |
| コウモリ | 42 |
| 告知義務違反 | 12、146 |
| 国家賠償 | 19、30、132、146、151 |
| 国家賠償法 | 27、30、117、132、160 |
| 固定資産税 | 102、104 |

事項別索引

ごみ処理広域化計画 28
コンクリート圧縮強度 57

▶さ

再構築費用 27
再施工費用 39
サウナ建設費用 31
雑居ビル 160、161、163、168
産業廃棄物 35
産業廃棄物処理工場 29

▶し

時効期間 32
自殺 118、155
失火責任法 137、162
湿気 46
実施義務 33
実施設計費用 17
指定確認検査機関 12
指定道路 59
市道 159、160、166、167
私道部分の進行権 25
指導方針 60
地盤 33
地盤改良工事 33
地盤調査 119
地盤調査義務 34
地盤調査費用 14
地盤沈下 16
司法書士費用 95
死亡による逸失利益 166

事務管理 138
借地権喪失 136
借地借家 5
住宅床材 38
周辺住民 180
修補不能 45
修理費用 4、141
修理不可能 32
受忍限度 31、46、48、51、53、180
上階賃借人 55
小規模建築物基礎設計指針 36、59
消極損害 6
使用者 189
使用者責任 55
消費税 102、103
除斥期間 15
ショッピングセンター 163、169
人格権 180
信義則違反 18
浸水現象 37
新築工事費用 27
震動 181
信頼利益 37、44

▶す

推定損害賠償額 17
スキー場 164、170

▶せ

税金 102
精神的苦痛 173

239

| | |
|---|---|
| 精神的損害 …………………… 172 | 代表者の第三者責任 ……………… 50 |
| 性能不足 ………………………… 28 | 太陽光発電 ……………………… 181 |
| 施主の指示 …………………… 188 | 宅地造成工事 …………………… 50 |
| 積極損害 ………………………… 4 | 建売住宅 ………………………… 24 |
| 積極的な加害意思 ……………… 37 | 建物 …………………………… 163 |
| 設計監理事務所 ………………… 13 | 垂れ幕 …………………………… 51 |
| 設計監理費用 …………………… 20 | |
| 設計計画費 ……………………… 18 | ▶ち |
| 設計費用 ……………………… 4、17 | 地下埋設物 ……………………… 22 |
| 設計報酬金 ……………………… 19 | 地形測量費用 …………………… 15 |
| 設備関係工事 …………………… 28 | 地中埋設物 …………………… 21、22 |
| 説明義務違反 ………………… 118 | 仲介業者 ………………………… 85 |
| 説明補助員 ……………………… 10 | 仲介手数料 ……………………… 85 |
| | 駐車料金 ……………………… 143 |
| ▶そ | 注文者の過失 …………………… 32 |
| 騒音 ……………… 47、53、60、181 | 注文者の指図 …………………… 43 |
| 葬儀関係費用 ………………… 151 | 調査費用 ……………………… 4、10 |
| 葬儀費用 …………………… 150、152 | 調査報告義務違反 …………… 131 |
| 倉庫 …………………………… 162 | 眺望 …………………… 139、181 |
| 造作買取請求 …………………… 31 | 治療関係費 …………………… 150、151 |
| 相談会参加交通費 ……………… 11 | 治療費 ………………………… 150 |
| 損益相殺 …………………… 194、195 | 沈下 ……………………………… 12 |
| 損害賠償額の予定 ……………… 19 | 沈下修正工事 …………………… 33 |
| | 賃借権喪失 …………………… 134、136 |
| ▶た | 賃借権減失 …………………… 137 |
| 帯筋間隔不良 …………………… 25 | 賃料拒絶権 …………………… 125 |
| 帯筋不足 ………………………… 25 | 賃料損害 ……………………… 129 |
| 耐震強度 ………………………… 24 | |
| 耐震強度不足 ……………… 58、118、124 | ▶つ |
| 耐震設計費用 …………………… 19 | 通院交通費 …………………… 150、151 |
| 代替建物賃料 ………………… 123 | 通行権 …………………………… 59 |

事項別索引

▶て

撤去請求 …………………………………… 51
鉄筋(骨)・雑居ビル(エスカレーター)
　　　　　　　　　　　　………… 154、170
鉄筋(骨)・デパート ………155、163、170
鉄筋(骨)・店舗建物 …… 15、40、42、43、149
鉄筋コンクリート造マンション ……… 159
鉄筋の耐力低下 ………………………… 25
手付金 …………………………………… 62
転回部造成 ……………………………… 50
転居 ……………………………………… 117
転居(引越し)費用 ……………………… 5
転居費用 ………………………………… 117
転売利益 ………………………………… 35
店舗改修工事 …………………………… 56
店舗兼倉庫 …………………………… 159、166

▶と

トイレ …………………………………… 29
登記費用 ………………………………… 97
当事者間の公平 ………………………… 195
透水管設置工事 ………………………… 21
土壌汚染 ………………………………… 21
土地分譲会社 …………………………… 33
ドリフトピン …………………………… 38

▶な

内壁 ……………………………………… 41

▶に

日照 ……………………………………… 180

日照侵害 …………………………… 46、47、51
日当 ……………………………………… 10
日本建築学会 ………………………… 36、59
入院雑費 …………………………… 150、151
入院費 …………………………………… 150
入院保証金 ……………………………… 153

▶は

配管スリーブ …………………………… 25
売却損 …………………………………… 74
売買代金 ………………………………… 70
柱 ………………………………………… 38
梁 ………………………………………… 38

▶ひ

日影 ……………………………………… 182
東日本大震災 …………………………… 33
ビル ……………………………………… 167

▶ふ

付近住民の反対運動 …………………… 51
不真正連帯債務 ……………………… 44、56
不等沈下 ……………………… 13、35、50、120、
　　　　　　　　　　　　　126、147、148
不同沈下 …………………………… 14、145
プライバシー侵害
　　　　　　　…… 46、47、51、53、60、182
不陸調査 ………………………………… 14
プレカット工法 ………………………… 38
粉塵被害 ………………………………… 45

241

### ▶へ

ベタインキ層 ……………………… 38
ベランダ排水溝 ……………… 29、55
弁護士費用 …………………… 5、145

### ▶ほ

ボイラー室 ………………………… 29
暴力団関係団体事務所 …… 102、114
ボーリング機械 …………………… 31
ボーリング工事費用 ……………… 23
保険料 …………………………… 111
補修工事 ……………………… 32、117
補修費用 ………………………… 141
ホステス従業員給与分 ………… 161
ホテル …………………………… 167

### ▶ま

埋設物 ……………………………… 22
孫請業者 …………………………… 40
マンション ……………… 162、169、170
マンション管理業者 ……………… 55
マンション管理組合 ……………… 42

### ▶み

民法第717条1項 ………………… 159
民法第416条1項 ………………… 160

### ▶め

名誉棄損 …………………………… 59

### ▶も

木造一戸建て …………………… 164
木造、共同住宅、店舗建物 ……… 162
盛土地盤 …………………………… 34

### ▶や

家賃 ……………………………… 123
屋根 ………………………………… 41
山留工事 ……………………… 13、17

### ▶ゆ

床 …………………………………… 38
床スラブ …………………………… 25

### ▶よ

用役費 ……………………………… 28
擁壁建築費用 ……………………… 26
擁壁築造工事 ………………… 15、60

### ▶り

利息 ……………………… 107、109
リフォーム工事 …………………… 58
リフト鉄塔 …………………… 164、170
隣接地 ……………………………… 49

### ▶ろ

老朽化 ……………………………… 52
漏水 …………………………… 44、54

## Q&A建築瑕疵損害賠償の実務
―損害項目と賠償額の分析―

平成28年6月15日 初版第1刷発行

監 修 犬塚 浩

著 者 永 滋康・宮田義晃・
西浦善彦・石橋京士・
堀岡咲子

発行者 株式会社 創耕舎

発行所 株式会社 創耕舎
〒162-0801 東京都新宿区山吹町350 鈴康ビル203
TEL 03-6457-5167
FAX 03-6457-5468
URL http://soko-sha.com/

〈検印省略〉

Ⓒ2016 Printed in Japan　　印刷・製本 モリモト印刷株式会社

・定価はカバーに表示してあります。
・落丁・乱丁はお取り替えいたします。

ISBN978-4-908621-01-7 〈C3032〉